Brigitte Tiesel

Energie und Schwung durch

Kinesiologie

Mit dem bewährten Übungsprogramm
Ängste und Blockaden beseitigen

Urania

Inhalt

Einleitung

Dieses Buch informiert nach bestem Wissen und Gewissen über Kinesiologie, es soll aber ärztlichen Rat und ärztliche Hilfe nicht ersetzen. Autorin und Verlag übernehmen keinerlei Haftung für Schäden, die sich aus der unsachgemäßen Anwendung der vorgestellten Methoden ergeben können.

Fast jeder von uns sehnt sich nach Gesundheit, Glück, Ausgeglichenheit, Seelenfrieden und Selbstverwirklichung, doch nur wenige erreichen eine so hohe Lebensqualität. Statt dessen quälen wir uns mit Partnerschaftsproblemen, Krankheiten, Depressionen und einer zerstörten Umwelt herum. Wir entfernen uns immer mehr von uns selbst, schleppen ungelöste seelische Konflikte aus unserer Kindheit mit uns herum und achten nicht auf unseren Körper. Die verschiedenen Anwendungsbereiche der Kinesiologie ermöglichen es jedem Menschen, seinen Lebensstil und die Lebensumstände in anderem Licht zu sehen und dem näherzukommen, wonach er sich sehnt, nämlich ein liebevoller, gesunder, fröhlicher, lebensbejahender und kreativer Mensch zu sein.

Eine Methode wird vorgestellt

Geschichte der Kinesiologie

Schon Hippokrates (460–377 v. Chr.) diagnostizierte neurologische Verletzungen an Soldaten mit einem Muskeltest, wie er im praktischen Teil dieses Buches beschrieben wird. Die Maya-Indianer benutzten vor über 500 Jahren eine einfache Methode des Muskeltests, um festzustellen, ob das Wasser an einem bestimmten Ort genießbar ist. Der Muskeltest wurde im 19. Jahrhundert von dem berühmten Neurologen Jean Martin Charcot und seinem Schüler J. Babinsky wiederentdeckt. James Cyrax, ein englischer Orthopäde, verwendete den Muskeltest Anfang der 40er Jahre für seine Arbeit, um festzustellen, ob ein Patient an einer harmlosen Rückenerkrankung litt oder beispielsweise an einem Bandscheibenvorfall. Das Muskeltesten, wie es heute aus der Kinesiologie bekannt ist, entwickelten die Krankengymnasten H.O. und F.P. Kendall. Die Methoden der angewandten Kinesiologie gehen auf den amerikanischen Chiropraktiker Dr. George Goodheart zurück.

Was ist Kinesiologie?

Dr. George Goodheart fand heraus, daß es zwischen dem Funktionszustand der Muskeln und den Vorgängen im Organismus einen Zusammenhang gibt. Leidet ein Patient zum Beispiel an Magenschmerzen, so ist sein gesamtes Energiesystem geschwächt, was sich wiederum auf die Stärke seiner Muskeln auswirkt.

Dr. Goodheart wiederholte die einfachen Muskeltests der Maya und stellte fest, daß sich die Stärke der Muskeln plötzlich ändert, wenn die Testperson bestimmte Lebensmittel, die nicht natürlich und verträglich waren, beispielsweise raffinierten Zucker, gefärbte Süßigkeiten, bestimmte Knabbereien usw. in den Mund nahm. Durch weitere einfache Muskeltests entdeckte er, daß die Muskelstärke, ob schwach oder stark, auch Rückschlüsse auf den Zustand der Organfunktionen zuläßt.

Zum besseren Verständnis des Muskeltests hier eine kurze Beschreibung; in einem späteren Kapitel wird er ausführlich dargestellt.

Eine Version des Muskeltests ist das »Testen im Stehen«. Der Tester und die Testperson stehen sich in einem Abstand von ungefähr 30 cm gegenüber. Die Testperson streckt einen Arm mit durchgedrücktem Ellbogen zur Seite.

Der Tester versucht, den Arm herunterzudrücken, während die Testperson mit aller Kraft Widerstand leisten soll (siehe Abbildung). Je nachdem, was getestet wird, kann der Arm stark bleiben oder schwach werden.

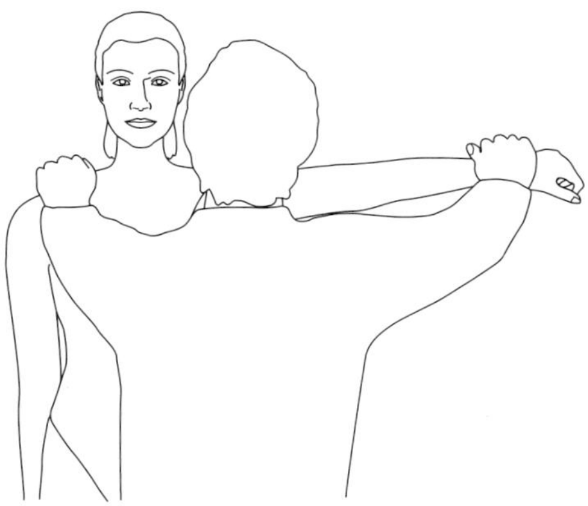

Das Testen im Stehen

Im Laufe der Zeit hat man durch viele fundierte Tests herausgefunden, daß es einen Zusammenhang zwischen einem erkrankten Organ und dem Funktionszustand, also der Stärke der Muskeln, gibt. Der Muskel wird schwach, wenn der Patient die Stelle an seinem Körper berührt, an der er Schmerzen hat. Weitere Untersuchungen ergaben, daß die Berührung einer Narbe, die nicht entstört wurde, mit hoher Wahrscheinlichkeit zu einer schwachen Muskelreaktion führt. Auch verrutschte Wirbel oder ein Zahn, der auf einem eitrigem Herd sitzt, beeinflussen den Zustand der Muskeln ebenso wie die bereits erwähnten ungesunden Nahrungsmittel oder allergene Substanzen.

Der Muskeltest hat sich im körperlichen und im psychischen Bereich bewährt. Denkt die Testperson an ein für sie unangenehmes Ereignis oder hat sie Empfindungen wie Neid, Mißgunst, Eifersucht, reagiert der Muskel schwach. Andererseits lassen positive Gedanken und Gefühle und schöne Erinnerungen und Vorstellungen einen Muskel stark werden.

Heilung auf mehreren Ebenen

Eine erfolgreiche kinesiologische Sitzung kann auf mehreren Ebenen heilen, da der Mensch eine Einheit aus Körper, Geist und Seele bildet.

Die körperliche Ebene

Die körperliche Ebene umfaßt unsere Organe, Knochen, Muskeln usw. und die umhüllende Haut. Viele Erkrankungen zeigen vorwiegend körperliche Symptome. Eine rein körperliche Erkrankung, zum Beispiel ein Knochenbruch, wird entsprechend behandelt, das Bein wird geschient und eingegipst. Doch da jede körperliche Erkrankung ihren Ursprung ganz oder teilweise im Unterbewußtsein hat, können kinesiologische Methoden unterstützend wirken.

Die geistige Ebene

Die geistige Ebene, »mind«, bilden unser Bewußtsein, Verstand, Geist, unsere Meinungen, Ansichten und Glaubenssysteme, Gefühle wie Angst, Ärger, Wut und Eifersucht. Der wesentliche Teil des »mind« ist das Unterbewußtsein, das wie ein Computer alles einschließlich aller traumatischen Erlebnisse seit der Geburt speichert und somit unsere Lebenseinstellung mitbestimmt. Um solche Erlebnisse zu verarbeiten, werden kinesiologische Techniken eingesetzt.

Die seelische Ebene

In diesen Bereich gehören Erkrankungen, deren Auslöser sich unserem bewußten Erleben entzogen haben, wie Depressionen, Angstzustände und Phobien. Auch bei seelischen Erkrankungen kann mit Kinesiologie gearbeitet werden.

Alle drei Ebenen gehören eng zusammen und können kaum jede für sich betrachtet werden. Sie beeinflussen sich gegenseitig, und Heilungsprozesse, die auf einer Ebene stattfinden, wirken sich auch auf die anderen Ebenen aus.

Was ist Heilung, und wie entsteht Krankheit?

Lebensenergie erhält uns am Leben, treibt uns voran und ermöglicht echte Heilung. Unser Körper strebt ständig nach Gesunderhaltung. Das Lebensprinzip ist grundsätzlich lebenserhaltend. Wahre Heilung entsteht nach Diamond von innen heraus.

Beispielsweise können Medikamente Krankheitssymptome etwas abmildern, aber niemals wirklich heilen. Wirkliche Heilung entsteht, wenn der Mensch bereit ist, gesund zu werden, wenn er es selbst möchte. Heilung bedeutet auch eine tiefgreifende Veränderung der Einstellung eines Menschen zu sich selbst und zum Leben.

Krankheit kann durch Streß entstehen. Je nach Art des Auslösers wirkt sich Streß verschiedenartig auf den Körper aus. Dies verursacht eine Schwächung der Thymusfunktion und somit der gesamten Lebensenergie, eine einseitige Gehirntätigkeit und Unausgeglichenheit der Meridiane. Hält dieser Streß dauerhaft an, so können sich negative Gefühle und Unwohlsein bilden und Krankheiten verursachen, weil die Lebensenergie geschwächt ist.

Das vertikale Heilsystem – die »Fünfkörperlehre« des Tantra Yoga

Nach Klinghardt entsprechen die ersten drei Ebenen dem Körper, dem Geist, und der Seele. Die vierte Ebene ist das Unbewußte, das Symbole, mediale Zustände und Träume beinhaltet. Heilung könnte durch Hypnotherapie, Schamanismus, Jungsche Psychotherapie oder Psychokinesiologie erreicht werden.

Die fünfte Ebene ist unser höheres Bewußtsein und Selbst. Hier entsteht Heilung durch Meditation und Gebet. Die fünfte Stufe ist die höchste Stufe und beinhaltet Freude und Einssein mit Gott und dem Universum.

Klinghardt meint, daß die eleganteste Heilmethode diejenige darstellt, die auf der gleichen Ebene die Krankheit behandelt, auf der sie entstanden ist. Beispielsweise ist es sinnvoll einen Knochenbruch auf der körperlichen Ebene zu behandeln, und chronische Erkrankungen haben ihren Ursprung oft auf der zweiten Ebene.

Ein Großteil der Erkrankungen entsteht jedoch auf der dritten Ebene durch Glaubenssätze (siehe S. 13 ff.), die meist aus der frühen Kindheit stammen oder sogar noch weiter zurückliegen.

In der Yogalehre lautet das Heilprinzip: Wird ein Patient beispielsweise auf der dritten Ebene behandelt, so wirkt sich die Heilung auch auf die darunterliegende erste und zweite Ebene aus. Auf die höheren Ebenen hat dies wenig Einfluß.

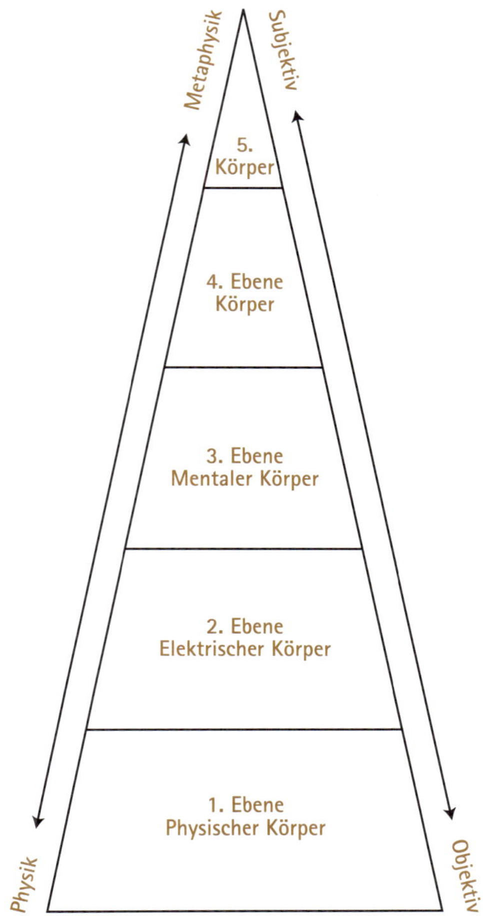

Den Körper erzählen lassen – Befreiung von Altlasten aus dem Unterbewußtsein

Kinesiologie in der Praxis

So wie in der angewandten Kinesiologie anhand des Muskeltests überprüft werden kann, ob ein seelischer Konflikt, ein körperliches Leiden oder eine Allergie vorliegt, so kann der Erfolg einer Behandlung getestet werden. Ein starker Muskel bedeutet, daß die Sitzung erfolgreich war.

Durch die Testmethoden der Kinesiologie ist es möglich, direkt Informationen über den Körper und das Unterbewußtsein zu erhalten und mit ihnen zu arbeiten. Das wiederum ist möglich, weil im Körper, in jeder einzelnen Zelle, also auch in der Muskelzelle, die gesamte Information unseres Unterbewußtseins gespeichert ist. Unser Unterbewußtes nimmt im Laufe des Tages wesentlich mehr an Informationen auf, als wir erahnen. Gehörtes, Gesehenes, Gefühle, Gerüche, Erinnerungen und viele Einzelheiten, alles, was wir von unserer Geburt an und auch schon vorher gesehen, gefühlt und erlebt haben, ist gespeichert. In der Hypnose erinnern wir uns zum Beispiel an Farben, Formen, Gerüche, an wirklich jedes Detail, dessen wir uns im »normalen« Leben meist nicht bewußt sind.

Die Kinesiologie ist eine ganzheitliche Heil- und Behandlungsmethode. Sie kann auf körperliche und seelische Probleme, Bedürfnisse und Wünsche eines Menschen individuell eingehen und Problemlösungen erarbeiten, die angemessen und effektiv sind.

Der kinesiologische Behandler versteht sich als »Instrument«, das heißt, er ist lediglich die Person, die zwischen dem Patienten und seinem Körper bzw. Unterbewußtsein vermittelt. Durch den Muskeltest erhält das Unterbewußtsein eine »Stimme«. Der Patient nimmt eine beobachtende Position ein und kann aktiv miterleben, was ihm sein Unterbewußtsein »erzählt«. Weil die Kommunikation über den Körper läuft, lassen sich recht genaue Ergebnisse erzielen, da alle Äußerungen, Ergebnisse, Lösungen immer wieder über den Muskeltest überprüft werden können.

Wie kann Kinesiologie angewandt werden?

Mittlerweile halten die angewandte Kinesiologie und ihre erweiterten Formen

(Behaviorale Kinesiologie, Psychokinesiologie, Educational Kinesiologie usw.) Einzug in die verschiedensten Bereiche der Medizin, da sie sich mit den meisten Methoden sehr sinnvoll kombinieren lassen.

In der Zahnmedizin kann überprüft werden, ob die Materialien für den einzelnen Patienten verträglich sind und ob der Biß des Kauapparates stimmt. In der allgemeinen Medizin und Homöopathie kann mit Hilfe des Muskeltests kontrolliert werden, ob das verabreichte Medikament im Moment das richtige Mittel ist. Bei Nahrungsmitteln kann getestet werden, ob diese verträglich sind oder Allergien auslösen und warum allergische Reaktionen erfolgen. Auch lassen sich diese, je nach Ursache, bearbeiten und auflösen, selbst in schwierigsten Fällen.

Brain-Gym

Eine Sonderform der Kinesiologie ist die »Educational Kinesiology«, die heute meist als »Brain-Gym« bezeichnet wird. Sie beschäftigt sich mit der Verbindung von Gehirn und Körper und wird besonders erfolgreich bei Kindern zur Verbesserung der Lernfähigkeit, beim Lesen, Schreiben und Rechnen eingesetzt. In den letzten zehn Jahren hat Brain-Gym vielen Kindern auf erstaunliche Weise geholfen, ganz besonders denjenigen, die schon eine Serie von Behandlungsformen erfolglos hinter sich hatten.

In der Psychologie eröffnen sich völlig neue Möglichkeiten. Mit dem Muskeltest läßt sich die Ursache eines Problems sehr schnell finden und der Wahrheitsgehalt überprüfen, und zudem gibt es viele individuelle Lösungsmöglichkeiten. Besonders bei Phobien, Angstzuständen und Prüfungsversagen zeigt sich die hochgradige Wirksamkeit der angewandten Kinesiologie.

Die Kinesiologie und ihre verschiedenen Anwendungsgebiete und Weiterentwicklungen sind nicht nur auf die Heilberufe beschränkt. Sportler unterstützen mit Kinesiologie ihr Training und versetzen sich seelisch und körperlich vor dem Wettkampf in die bestmögliche Verfassung. Manche Sänger, Schauspieler und Musiker bekämpfen ihr Lampenfieber kinesiologisch. Manager haben erkannt, daß Kinesiologie ein leichter, effektiver und schneller Weg ist, um intensiv an sich zu arbeiten, und profitieren mittlerweile in ihrem beruflichen Fortkommen davon.

Auch dem Laien bietet die Kinesiologie Möglichkeiten, durch einfache Anwendungen unterstützend und vorbeugend seine Gesundheit und seine Energien zu fördern.

Psychokinesiologie

An dieser Stelle möchte ich die Arbeitsweise der Psychokinesiologie, im weiteren auch PK genannt, die von Dr. med. Klinghardt entwickelt wurde, näher vorstellen. Der Muskeltest nach Goodheart, der auch in der PK verwendet wird, kann im Stehen oder Liegen ausgeführt werden (siehe Abbildung).

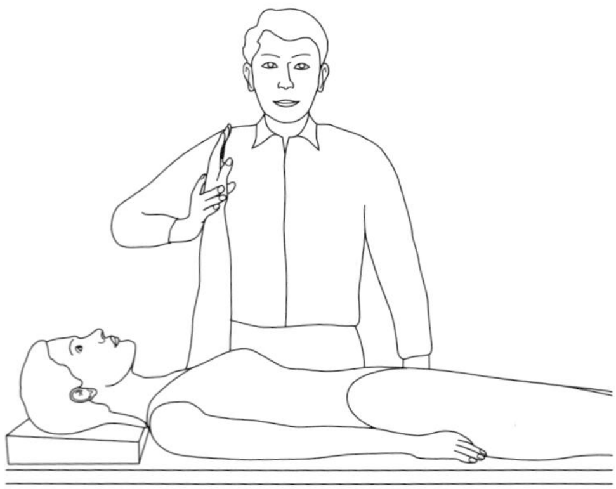

Das Testen im Liegen

Zwei weitere Tests, die von Alan Beardall und Raphael von Assche entwickelt wurden, sind der Armlängentest im Liegen und im Sitzen (siehe Abbildung).

Gleiche Armlänge

Mit dem Muskeltest erhält das Unterbewußtsein eine »Stimme«, und wir können mit ihm kommunizieren. Die PK hat ganz konkret mit unserem Alltag, der Zukunft und der Vergangenheit zu tun. Sie hilft nicht nur dem erkrankten Menschen, sondern eröffnet jedem den Weg zu mehr Lebensfreude und Weiterentwicklung. Sie ermöglicht, tiefsitzende negative Glaubenssätze zu erkennen und diese durch befreiende positive zu ersetzen. Dr. med. Klinghardt ist Facharzt für Schmerzmedizin, hat lange als leitender Arzt am »Santa Fe Pain Center« gearbeitet und über Jahre hinweg die hier vorgestellte Therapie entwickelt. Die Psychokinesiologie ist wohl die »eleganteste« Heilmethode, um Konflikte aus der Vergangenheit aufzudecken, zu erlösen und somit zu mehr Gesundheit, Kraft und Kreativität beizutragen. Es handelt sich um eine therapeutische Behandlungstechnik, der folgende Annahmen zugrunde liegen:

Nach Dr. Klinghardt hat jede körperliche Erkrankung ihren Ursprung ganz oder teilweise im Unterbewußten, in dem alle Kindheitserinnerungen gespeichert sind. Werden Konflikte in der Kindheit nicht verarbeitet oder hat das Kind ein traumatisches Erlebnis (sexueller Mißbrauch, Tod einer geliebten Person), kann ein unerlöster seelischer Konflikt (USK) entstehen. Jeder Mensch trägt viele dieser Konflikte mit sich. Sie können, je nach Schwere, später Krankheiten auslösen oder psychische Folgen haben. Die Psychokinesiologie ermöglicht es, sich an die Situation, an den Zeitpunkt und an das damalige Gefühl zu erinnern und den USK zu »erlösen«. Wird der Konflikt mit Hilfe der PK wieder aktiviert und der Patient in diese Zeit zurückversetzt, testen die gleichen Organe, die heute krankheitsauslösend sein können. Jetzt ist es möglich, sie mit der PK zu lösen und zu entkoppeln.

Bei der Art des Muskeltestens, die von Louisa Williams und Dr. Klinghardt entwickelt wurde, handelt es sich um eine Methode, die es ermöglicht, »Rückmeldung« vom Unterbewußtsein zu erhalten. Damit gehört die Psychokinesiologie zur Biofeedback-Psychotherapie. Nach Dr. Klinghardt sind Erkrankungen körperlicher und seelischer Art generell heilbar, der Schlüssel hierfür liegt im Unterbewußten des Patienten.

Das Unterbewußtsein

Der wesentliche Teil des Verstandes ist das Unterbewußtsein, das alles speichert – einschließlich aller traumatischen Erlebnisse, die seit der Geburt oder bereits vor der Geburt stattgefunden haben. Bemerkenswert ist, daß das Unterbewußtsein »glaubt«, daß alle diese traumatischen Erlebnisse wahr sind und weiterhin geschehen. Es sieht diese Erinnerungen nicht nur als Dokumente von etwas an, was längst vorbei ist. Es benimmt sich wie ein Kind, das vor dem Fernseher sitzt und buchstäblich alles glaubt, was es auf dem Bildschirm sieht.

Das Unterbewußtsein reagiert trotzig, mißtrauisch, schmollt oft, lügt, versucht auszuweichen, mobilisiert alle Abwehrmechanismen, an die wir uns aus unserer Kindheit und den damals gemachten Erfahrungen erinnern. Es kann zwischen Bildern und Realität nicht unterscheiden. Zwischen Ängsten und Mechanismen, die uns als Kind halfen zu überleben, heute beim erwachsenen Menschen aber nicht mehr angebracht sind, kann das Unterbewußte nicht trennen. Beispielsweise ist das innere Bild eines wilden Tieres mit scharfen Zähnen so furchterregend wie der Anblick eines lebenden Tigers. Es gibt viele Wege, um an einen inneren Konflikt heranzukommen. Das Unterbewußtsein hält aber an dem gespeicherten Bild fest und versucht, mit diesem Schutzmechanismus den Konflikt zu verstecken. Dahinter steckt die Angst, ein Bild wieder ins Bewußtsein kommen zu lassen, als ob das erinnerte Bild tatsächlich ein wildes Tier sei, das beißen könnte. Die Erinnerung ist daher genauso bedrohlich wie das wirkliche Ereignis.

Weil unser Unterbewußtsein glaubt, daß sich die Ereignisse ständig wiederholen oder sich wiederholen könnten, produziert es dauernd Gedanken, Einstellungen, Strategien, um sich zu schützen. Diese wiederum führen zu einer Haltung, die Verspannungen verursacht und Panzerungen entstehen läßt, um den Körper zu schützen. Diese Verspannungen können auch in den Organen auftreten, Krankheiten verursachen und den Körper von seiner optimalen Funktion abhalten. Alle diese Spannungen und die Angst, die dahinter steckt, haben einen enormen Einfluß auf unser Leben.

Unerlöste seelische Konflikte (USK)

Ein USK kann entstehen, wenn es einem Menschen zum Zeitpunkt eines Traumas nicht möglich war, seine Gefühle auszudrücken, zu äußern oder zu empfinden.

Ein Beispiel: Ein Kind verliert seine Mutter. Es hat große Angst, ist in Panik, wird starr vor Schreck. Es findet seine Mutter wieder und fängt an zu weinen, die Mutter tröstet das Kind, und alles ist wieder in Ordnung. Weinen wirkt erlösend und »entladend«, die Emotionen werden nicht gespeichert, denn das Kind erfährt: »Meine Mutter kommt immer wieder zurück und tröstet mich«.

Kommt die Mutter aber zurück und schimpft das Kind aus, macht ihm Vorhaltungen und läßt es nicht weinen, werden diese Gefühle als »schlimme Erfahrung« gespeichert und sind in ähnlichen Situationen immer wieder angstauslösend gegenwärtig. Daraus können Glaubenssätze wie: »Ich werde alleingelassen«, »Ich bin nicht wichtig« oder »Keiner liebt mich« entstehen.

Nach Dr. Klinghardt können auch harmlose Ereignisse, die das Gehirn in einer verwundbaren Phase überrascht haben, zu unerlösten seelischen Konflikten führen. Die Aktivität der Gehirnhälften wechselt alle anderthalb Stunden von rechts nach links und umgekehrt. Dies wird ultradianer Rhythmus genannt. Befindet sich das Gehirn gerade in der »rechtsdominanten Phase«, ist es verwundbarer, und selbst banale Ereignisse können einen unerlösten seelischen Konflikt verursachen.

Wir alle erleben von der Geburt an bis ins Erwachsenenalter eine Vielzahl von schlimmen oder gar dramatischen Situationen, die ihre Spuren hinterlassen. Oft führen solche

Hinweis

Im Leben jedes Menschen gibt es viele Umstände, die einen unerlösten seelischen Konflikt entstehen lassen können:

- *Vorgeburtliche Einflüsse (Kind nicht erwünscht, Krankheiten, Gedanken der Eltern)*
- *Geburt*
- *Sexueller Mißbrauch*
- *Geburt von Geschwistern*
- *Unverständige Eltern*
- *Krankheiten*
- *Einschulung, Lehrer, Mitschüler*
- *Prüfungen*
- *Pubertät, erste sexuelle Beziehungen*
- *Tod der Eltern*
- *Unfälle*

Erlebnisse zu schweren seelischen Konflikten, die das weitere Leben durch die immer wiederkehrenden Themen negativ beeinflussen können. Solche Konflikte äußern sich oft in Abhängigkeiten, Suchterkrankungen, Psychosen, Phobien, Krankheiten, finanziellen Krisen, ständigen Partnerschaftsproblemen oder Depressionen.

Innerer Dialog

Durch vorgeburtliche Ereignisse und Kindheitserlebnisse, die nicht verarbeitet wurden, entsteht ein innerer Dialog und damit verbundene Glaubenssätze. Was wir als Realität empfinden und wie wir unsere Umwelt wahrnehmen, haben wir aus der Fülle des Lebens aufgrund unserer Glaubenssätze herausgefiltert. Das heißt, daß unser innerer Dialog darüber entscheidet, mit welcher Sicht der Dinge, mit welcher Wahrnehmung anderen Menschen gegenüber, mit welchem Verhalten und mit welchen Gefühlen wir durchs Leben gehen. Sie können Beziehungen, Gesundheit, beruflichen Erfolg und sogar unsere Intelligenz beeinflussen. Solche Kernsätze können sein: »Ich bin wertlos«, »Ich bin nicht liebenswert«, »Ich bin dumm«. Am massivsten beeinflussen diejenigen Glaubenssätze, die zu einem sehr frühen Zeitpunkt entstanden sind.

Nach Dr. Klinghardt gibt es freimachende und einschränkende Glaubenssätze. In unserem Kopf läuft ständig ein »Tonfilm«, der die einschränkenden Glaubenssätze immer und immer wieder abspult, die unsere Gefühle, Gedanken, Entscheidungen und letztlich unser ganzes Leben beeinflussen. Durch die Psychokinesiologie lassen sich diese einschränkenden Glaubenssätze aufdecken und durch freimachende ersetzen. Freimachende Sätze mobilisieren alle bewußten und unbewußten Kräfte und Talente zu unserem eigenen Vorteil. Sie verschaffen uns entsprechende Erfolgserlebnisse und motivieren zu immer neuen Herausforderungen. Es ist nicht mehr wichtig, an den alten »Wahrheiten und Überzeugungen« zu hängen, sie sind belanglos geworden, und es entsteht Raum für Neues.

Augenbewegungs- und Farbbrillenmethode

Die Augenbewegungsmethode, kurz ABM genannt, geht auf den amerikanischen Psychiater Milton Erickson zurück. Er fand heraus, daß sich die Augen unwillkürlich in eine bestimmte Richtung bewegten, wenn der Patient versuchte, sich an Kindheitserlebnisse zu erinnern. Wird der Patient daran gehindert, in diese Richtung zu schauen, kann er sich nicht erinnern. Augenbewegungen treten bei Angstzuständen, Konzentration, Meditationen, wenn jemand tagträumt, visualisiert oder schöpferisch arbeitet, auf. »Die Augenbewegungen öffnen in diesem Fall die vorher oft jahre- oder jahrzehntelang verschlossene Synapse, die den nervalen Weg zum ungelösten seelischen Konflikt verschließt«, so Dr. Klinghardt.

Die Augenbewegungen aktivieren die Verbindungsstellen zweier Nerven, die Synapsen, und stellen eine Verbindung zwischen dem Bewußtsein, bewußten Erinnerungen und dem Unterbewußtsein her. Durch die Augenbewegungsmethode ist es möglich, der Richtung der Augenbewegung genau folgend den abgespeicherten Konflikt zu entdecken. Meist sind es sehr versteckte, tiefsitzende und schwer erinnerbare Situationen, die jetzt bearbeitet werden können. Somit handelt es sich bei der ABM um eine Art »Geheimcode«, der die Tür zum Unterbewußtsein aufschließt.

Eine andere Möglichkeit, um an verborgene Traumen heranzukommen, ist die Farbbrillenmethode, kurz FBM genannt. Dr. Grüber folgt der Maxwellschen Theorie, nach der das sichtbare Licht der kleine Ausschnitt auf der Skala der elektromagnetischen Schwingungen ist, für den unser Auge empfindlich ist. Jede Wellenlänge entspricht einer bestimmten Farbe des Regenbogens. Reine Farben wie Gelb, Magenta und Cyan sind Energieimpulse, die man genau messen kann.

Farben können beim Menschen körperliche und seelische Reaktionen hervorrufen. Deshalb kann uns auch die Farbe der von uns gewählten Kleidung beeinflussen. Farbe wirkt sich direkt auf unseren Körper aus, nicht nur über die Augen.

Die Zirbeldrüse wird durch Licht angeregt und schüttet Hormone aus. Jeder kennt die wohltuende Wirkung eines Waldspaziergangs. Der Zusammenhang von Farben und Emotionen ist altbekannt, viele Sprichwörter geben Hinweise darauf: »Grün vor Eifersucht«, »Gelb vor Neid«, »Er sieht rot«. Farben wirken in zweierlei Richtungen auf uns, sie haben eine objektive Bedeutung und eine assoziierende Wirkung. Ein Beispiel: Ein Kind kommt ins Krankenhaus und erlebt den Aufenthalt als äußerst traumatisch; die Farbe der Krankenzimmerwände ist grün. Seither wird dieses Kind und später der Erwachsene beim Anblick der Farbe Grün nervös und unruhig. Dies ist die assoziative Bedeutung einer Farbe. Die objektive Bedeutung ist deren Wirkung auf uns, sei sie beruhigend, ausgleichend, anregend oder aufmunternd.

Rot regt an; es ist die Farbe, auf die der Körper am stärksten reagiert. Rot ist die Farbe für enorme Vitalität. In der PK nach Klinghardt wird Rot bei Patienten eingesetzt, wenn diese nicht in Kontakt mit ihrer eigenen Wut kommen können. Rot finden wir bei Leber- und Oberbauchproblemen. Die alten Chinesen ordneten Rot dem Feuer und seinen vier Meridianen zu: Herz, Dünndarm, Kreislauf-Sexus und Dreifacherwärmer (Schilddrüse).

Blau entspannt und beruhigt. In der chinesischen Medizin symbolisiert Blau das Wasser und die Meridiane Blase und Niere.

Patienten, die auf Blau ansprechen, sind oft schüchtern und eher introvertiert, was ihre Gefühle betrifft. Hals, Nase, Ohren finden wir als zugeordnete Organe bei Blau.

Grün ist die Farbe, die mit der Natur harmonisiert. In der chinesischen Medizin entspricht Grün dem Holz und den Meridianen Gallenblase und Leber. Grün ist die Farbe der zwischenmenschlichen Liebe. Thematisch finden wir bei Patienten oft »Ernsthaftigkeit« im Zusammenhang mit Grün.

Gelb regt den Geist an und ist die Farbe für Konzentration. In der chinesischen Medizin bedeutet Gelb die Erde und die Meridiane Magen und Milz-Pankreas. Gelb ist die Farbe des Solarplexus. Patienten, die auf diese Farbe in der PK ansprechen, klagen oft über Störungen im Magen-Darm-Trakt und leiden unter Depressionen und Müdigkeit. Das Thema »Weisheit« findet sich hier häufig.

Orange ist die Farbe des Wohlbefindens, das weit über die körperliche Ebene hinausreicht – buddhistische Mönche tragen meist orangefarbene Kleidung. Bei Blasen-, Uterus-, Prostata- und Nierenproblemen steht Orange im Vordergrund. Das Thema ist »Wille«.

TIP

Tragen Sie die Indigobrille, wenn Sie Ihre Kreativität stimulieren wollen.

Indigo (dunkelblau) ist die Farbe aller Augensymptome. Sie ist die ideale Farbe für Künstler, Maler, Musiker, da sie die Kreativität stimuliert.

Violett ist die Farbe mit dem Thema »Liebe«; gemeint ist eine allumfassende Liebe, nicht eine objektbezogene. Jede Behandlung in der PK sollte mit dieser Farbe abgeschlossen werden. Patienten, die auf Violett ansprechen, klagen über Migräne, Kopfschmerzen und Konzentrationsschwierigkeiten. In der Psychokinesiologie ist Violett die Farbe der Integration.

Der amerikanische Augenarzt Riley Spitler behandelte in den dreißiger Jahren schizophrene und depressive Patienten mit Farblampen und konnte diese Menschen bleibend von ihren Erkrankungen heilen. Nach Klinghardt aktiviert farbiges Licht, bei dem der Patient durch eine Farbbrille guckt, ebenso wie die Augenbewegungsmethode, oft tiefsitzende, vergessene Erinnerungen aus der Kindheit, die jetzt verarbeitet werden können. »Dies bedeutet neurophysiologisch, daß bestimmte Farblichtfrequenzen Synapsen im Gehirn aktivieren, die vorher blockiert waren. Wird die Nervenleitung in diesen Gebieten wiederhergestellt, werden Erinnerungen, die vorher sozusagen abgekapselt waren, wieder verbunden mit dem »Gesamt-Telefonnetz« des Gehirns und können von dessen bewußtem Teil wieder erreicht werden«, so Dr. med. Klinghardt.

Am Schluß einer jeden psychokinesiologischen Behandlung werden Entkoppelungstechniken angewandt, die den Konflikt dekonditionieren. Das heißt, daß der Patient keinen Streß mehr empfindet, wenn er bestimmten Situationen ausgesetzt ist, die vorher für ihn dramatisch waren (Prüfung, Gespräch mit dem Chef usw.). Der Konflikt wird, einfach ausgedrückt, vom Gefühl und den Nerven entkoppelt, losgelöst, so daß psychische und physische Heilung eintreten kann.

Wie schon erwähnt, tritt nach Klinghardt Heilung dann ein, wenn sich der Patient an den genauen Zeitpunkt des Erlebnisses erinnert. Dies wird während der therapeutischen PK erarbeitet. Die Umstände sollten so genau wie möglich erinnert werden, Farben, Gerüche, Ablauf usw. sind wichtige Hinweise. Der Patient kann vielleicht zum jetzigen Zeitpunkt die Gefühle spüren, die damals gelebt werden wollten, aber unterdrückt wurden. Der Therapeut verwendet die geeignete Entkoppelungstechnik, alte, einschränkende Glaubenssätze werden bewußt gemacht und gelöscht und durch freimachende Sätze ersetzt.

Der Heilungsprozeß tritt unmittelbar nach oder schon während einer Behandlung ein und entfaltet seine maximale Wirkung in den folgenden sechs Wochen.

Für mich ist die Psychokinesiologie eine umfassende Heilmethode, die ganzheitlich, individuell und erstaunlich schnell Ursachen von Problemen und Krankheiten erfaßt und dauerhafte Heilerfolge aufweist. Durch verschiedene Entkoppelungstechniken wird erreicht, daß gleiche oder ähnliche Situationen nicht mehr nach dem altbekannten Muster ablaufen müssen. Verfestigte Denkstrukturen werden erkannt, aufgelöst, durch neue, befreiende ersetzt. Dramatische Heilungen sind möglich, das Ergebnis ist die Verbesserung von Lebensumständen oder von Beziehungen, das Loslassen von Ängsten und Süchten. Es kommt zu raschen, andauernden und immer positiven Veränderungen im Leben der Patienten. Ein verbessertes Selbstwertgefühl, glücklichere Zweierbeziehungen, bessere Gesundheit, eine verstärkte Erlebnis- und Gefühlsfähigkeit, mehr Kreativität, ein besseres Einkommen, ein Glücksgefühl sowie Freude sind oft die Ergebnisse einer erfolgreichen Behandlung.

Indirektes Testen

Es gibt Menschen, bei denen der Muskeltest aus verschiedenen Gründen nicht anwendbar ist, wenn zum Beispiel der Armmuskel grundsätzlich sehr schwach oder von einer Krankheit geschwächt ist. In solch einem Fall besteht die Möglichkeit des »indirekten Testens«, auch Surrogattest genannt. Das bedeutet, daß der Therapeut durch eine dritte Person den Muskeltest macht. Dieser Mensch stellt sich zwischen Patient und

Therapeut und berührt den Patienten. Anstelle des Patienten antwortet jetzt dieser Vermittler mit seinen Muskeln. Zu beachten ist ein intaktes Nervensystem, also ein freier Energiefluß, der »dazwischengeschalteten« Person. Während der Behandlung darf der Kontakt zum Patienten nicht unterbrochen werden. Kleine Kinder und Säuglinge lassen sich auf diese Weise ebenso testen. Mutter oder Vater dienen als »Surrogat«, das Kind kann liegen oder auf dem Schoß sitzen, wichtig ist der Körperkontakt.

Tiere lassen sich auf die gleiche Weise testen, der Besitzer fungiert als »indirekte« Person. Die Heilerfolge bei Tieren in der PK sind erstaunlich hoch. Ein beobachtbares Phänomen: Gesundet das Tier, findet auch bei seinem Besitzer eine Veränderung statt. Gesundet der Besitzer, verändert sich sein Tier. Manchmal »übernehmen« die Tiere die Krankheiten von ihren Besitzern.

Kinesiologie im Alltag – Übungsteil

Mit Hilfe einiger leichter, äußerst effektiver Übungen aus der Kinesiologie, die nun beschrieben werden sollen, können Sie selbst zu Hause Ihre Gesundheit fördern und Ihr Wohlbefinden steigern. So können Sie sich in vergleichsweise kurzer Zeit in einen optimalen Zustand von Gelassenheit, Konzentration und Harmonie bringen und ein gesünderes und ausgeglicheneres Leben führen. Zu den standardisierten Selbsthilfeübungen gehören:

- Stärkung der Lebensenergie durch die Thymusdrüse
- Maßnahmen zum Abbau von akutem oder chronischem körperlichem und emotionalem Streß
- Spezielle Gehirngymnastik für leichteres Lernen
- Meridianbewegungen zur Steigerung der Energie

Nach Dr. John Diamond ist unsere Lebensenergie die Quelle seelischen und körperlichen Wohlbefindens, vollständiger Gesundheit und Lebensfreude. Gesundheit bedeutet Abwesenheit von jeglichen Krankheiten und Unwohlsein. Gesundheit ist Glück, Energie, Freude, Harmonie, Kraft, Schönheit, Reinheit. Leider haben nur fünf Prozent von uns diese Vitalität. Ursachen dafür gibt es genug, wie ich noch näher beschreiben werde. Die von Dr. Diamond entwickelte Behaviorale Kinesiologie kann der erste Schritt zur Prävention sein. Sie prüfen Ihren Körper auf der Energieebene, lange bevor sich körperliche Probleme einstellen. Sie werden Dinge tun, um Ihre Gesundheit zu verbessern und nicht nur, um Krankheiten zu verhindern. Dr. Diamonds Ziel ist mit seinen Worten »das Erreichen vollkommener Gesundheit, die Erhöhung der Energieniveaus, die Begeisterung und die Kraft, die aus wahrem Wohlbefinden resultieren.« Aus diesem Grund möchte ich hier näher auf die Arbeit von Dr. Diamond eingehen.

Beispielsweise wurde bei Menschen, die an einer chronischen Krankheit litten, festgestellt, daß deren Thymusdrüse – sie sitzt hinter dem Brustbein, steigert die körperliche Abwehr, erhöht die Lebensenergie – schwach testete. Dr. Diamond ist überzeugt davon, daß der geschwächte Thymus der Grund für die Erkrankung ist, denn »jede Krankheit beginnt mit einer Erschöpfung der Lebensenergie.« In unserem Alltag sind wir ständig einer Anzahl von Faktoren ausgesetzt, die uns »schwächen«, unsere Energie »rauben«, wie viele unnatürliche Nahrungsmittel, die synthetischen Stoffe unserer Kleidung und die Giftstoffe und der Lärm unserer Umwelt.

Weitere schwächende Ursachen liegen in unseren Lebensgewohnheiten, zum Beispiel die Körperhaltung, die Fähigkeit, mit Konflikten und Streß umzugehen oder die Art und Weise, wie wir unsere Beziehungen gestalten. All dies wirkt auf uns, kann die Lebensenergie schwächen und uns anfälliger für Krankheiten machen. Mit dem Muskeltest läßt sich leicht feststellen, welche Faktoren uns schwächen und welche uns stärken, da alle Informationen auf der Körperebene zugänglich sind. Alle Erfahrungen, Emotionen, Streß und vieles mehr, die wir bisher gemacht haben, sind im Körper und somit auch in den Muskeln gespeichert, und so können wir über den Muskeltest darauf zugreifen.

Der Muskeltest

Suchen Sie sich eine Testperson. Bitten Sie einen Freund oder eine Freundin oder jemanden aus Ihrer Familie, sich zur Verfügung zu stellen und testen Sie folgendermaßen:

Entscheiden Sie, mit welchem Arm Sie testen wollen. Es ist möglich, mit jedem anderen Muskel zu testen, aber der Deltamuskel im Oberarm eignet sich am besten. Die Testperson steht aufrecht vor Ihnen, der rechte Arm hängt beispielsweise entspannt an der Seite herunter, der linke Arm wird mit gestrecktem Ellbogen zur Seite ausgestreckt, parallel zum Boden (siehe Abbildung auf Seite 5).

Jetzt stellen Sie sich in einem Abstand von ungefähr 30 cm vor die Testperson und legen Ihre linke Hand zur Stabilisierung auf dessen rechte Schulter. Ihre rechte Hand legen Sie auf das Handgelenk der linken, ausgestreckten Hand Ihres Partners.

Fordern Sie nun die Testperson zum Halten des Arms auf, indem Sie sagen »Bitte halten« und versuchen Sie, ihren Arm herunterzudrücken, während sie mit aller Kraft Widerstand leisten soll.

Drücken Sie kurz, nicht länger als zwei Sekunden, nach unten. Es kommt darauf an, gerade so fest zu drücken, daß Sie den Widerstand, das Sperren des Armes der Testperson, feststellen können. Drücken Sie immer gleich stark. Es geht dabei nicht um ein Kräftemessen, sondern Sie sollten spüren, ob sich der Muskel innerhalb der ersten fünf Zentimeter nach dem Schultergelenk gegen den Druck sperren kann. Es fühlt sich an, als ob der Arm einrastet, ähnlich einem Scharnier. Wenn Sie länger als zwei bis drei Sekunden drücken, ermüdet der Muskel und Sie erhalten kein eindeutiges Testergebnis mehr. Wenn die Person dem Druck standhalten konnte, was fast immer der Fall ist, heißt das, daß der Muskel stark testet.

Kinder sind sehr empfänglich für solche Tests, besonders, wenn sie den Zusammenhang von »schlechter« Nahrung, die schwach macht und gesunder, ausgewogener Lebensmittel wie einem Apfel, der die Energie stärkt, erkennen.

Beginnen Sie mit Ihren Experimenten, es gibt erstaunlich viele Möglichkeiten. Führen Sie den oben beschriebenen Test nochmals durch und bitten Sie die Testperson

- etwas raffinierten Zucker zu essen,
- sich ein Stück Plastiktüte auf den Kopf zu legen,
- in fluoreszierendes Licht zu blicken,
- Popmusik zu hören, z. B. von The Doors, Janis Joplin, Alice Cooper.
- an eine ihr unangenehme Situation zu denken.

Sie werden überrascht sein von dem Ergebnis. Meist läßt sich nämlich der Arm der Testperson ganz leicht herunterdrücken. Was ist passiert? Obwohl der Testende den gleichen Druck ausübte wie vorher und die Testperson mit aller Kraft Widerstand zu leisten versuchte, ist der Arm plötzlich schwach geworden. Es scheint so, als hätten der Zucker oder die anderen Einflüsse den Körper zeitweise geschwächt, ihm Energie geraubt, was sich am schwachen Armmuskel demonstrieren läßt.

Die Thymusdrüse

Dr. Diamond hat herausgefunden, daß es einen direkten Zusammenhang zwischen der Thymusdrüse und unserem Energiehaushalt gibt. Lange Zeit ging man in der Medizin davon aus, daß die Thymusdrüse mit zunehmendem Alter schrumpft – bei Säuglingen und kleinen Kindern ist sie extrem groß – und somit keinerlei Bedeutung mehr für uns hat. Würde die Drüse beim Menschen oder beim Tier entfernt, führte dies zu einem hohen Verlust an Effektivität der Immunmechanismen des Körpers, die vor Infektionen und Krebs schützen können.

Die Thymusdrüse ist das Organ, das sofort von geistig-psychischen Faktoren beeinflußt wird und somit eine besondere Verbindung zwischen Geist und Körper. Seit Jahrtausenden weiß man, daß die Thymusdrüse (siehe Abbildung Seite 21) der Sitz der Lebensenergie ist und eine gesunde, aktive Thymusdrüse zu physischem und psychischem Wohlbefinden, vollkommener Gesundheit und Lebensfreude beiträgt.

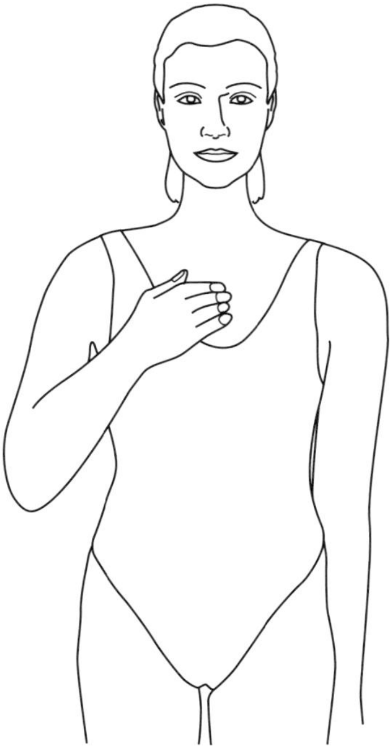

Der Thymuspunkt. Die Finger berühren die Haut.

Ein wichtiger Schritt in der Geschichte der Kinesiologie war, als Dr. Goodheart herausfand, daß eine Verbindung zwischen unserer Muskulatur und dem Akupunktursystem der traditionellen chinesischen Medizin besteht. Nach der chinesischen Energielehre, die vor ungefähr 5000 Jahren entwickelt wurde, fließt die Lebensenergie in Energiebahnen, Kanälen, den Meridianen, durch unseren Körper. Jeder dieser Meridiane ist mit einem bestimmten Organ verbunden. Die einzelnen Meridiane tragen die Namen der entsprechenden Organe: Magen, Milz, Herz, Dünndarm, Blase, Nieren, Kreislauf-Sexus, Dreifach-Erwärmer (Schilddrüse), Gallenblase, Leber, Lunge und Dickdarm. Der Energiestrom dieser Meridiane fließt beständig in einer bestimmten Reihenfolge von einem zum anderen. Fließt diese Energie gleichmäßig in allen Meridianen, dann sind wir, nach Meinung der chinesischen Medizin, im Gleichgewicht und erfreuen uns vollkommener Gesundheit. Ist die Energie jedoch blockiert, entsteht ein Ungleichgewicht, die Folge sind Beschwerden. Organe werden schlecht durchblutet, Streß kann entstehen, Unwohlsein, Kopfschmerzen und vieles mehr.

Der Thymus kontrolliert diesen Energiestrom im Körper, ständig überwacht und reguliert er unsere Lebensenergie. Arbeitet die Drüse nicht richtig oder ist sie geschwächt, so entsteht ein Ungleichgewicht, das ein bestimmtes Organ schädigen und krank machen kann.

Wie läßt sich testen, ob die Thymusdrüse stark oder schwach ist und was sie stärkt oder schwächt?

Gehen Sie beim Testen genauso vor, wie beschrieben. Der Ausgangstest ist immer, zu prüfen, ob die Testperson einen starken Arm hat, wie im Abschnitt »Der Muskeltest« beschrieben. Die Testperson legt nun die Finger der freien Hand auf das obere Drittel des Brustbeins, wo sich die Thymusdrüse befindet (siehe Abbildungen).

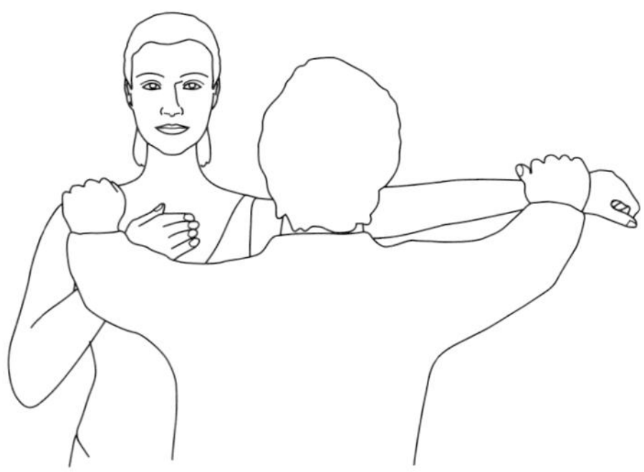

Das Testen der Thymusdrüse

Das Testen der rechten Gehirnhemisphäre

Versuchen Sie, während die Testperson auf ihren Thymuspunkt drückt, wobei die Finger die Haut berühren sollen, den anderen Arm herunterzudrücken. Bleibt der Arm stark? Das bedeutet, daß in diesem Moment keine Energieunausgeglichenheit vorhanden ist. Wird der Testarm schwach, heißt das in der Behavioralen Kinesiologie nach Diamond, daß die Energieversorgung des Thymus unzureichend ist oder daß die Drüse im Moment nicht aktiv ist. Die Thymusdrüse läßt sich kurz anregen, indem man den Punkt zwei- oder dreimal leicht beklopft. Wenn Sie im Muskeltesten ein wenig geübter sind, können Sie so mühelos alles testen, was sie wissen möchten. Meist reicht es, die zu testenden Gegenstände mit sich in Berührung zu bringen, also in der Hand zu halten, auf den Körper zu legen, Lebensmittel in den Mund zu nehmen usw.

Beim Austesten von Lebensmitteln, Kleidungsstücken und ähnlichem ist es sinnvoll, immer beide Methoden, also den Muskeltest mit und ohne Beklopfen des Thymuspunktes, anzuwenden, um eindeutigere Ergebnisse zu erhalten. Wenn Sie die Wirkung Ihrer Lebensmittel testen möchten, gehen Sie folgendermaßen vor:

Zuerst sollten Sie einen starken Muskel ohne Berühren des Thymuspunktes haben.

Jetzt geben Sie der Testperson einen kleinen Bissen des Nahrungsmittels in den Mund. Es soll nicht hinuntergeschluckt werden.

Testen Sie den Muskel. Wenn er schwach wird, bedeutet es, daß das Nahrungsmittel so wenig Lebensenergie hat, daß es den Körper schwächt. Bleibt der Muskel stark, testen Sie noch einmal, während die Testperson gleichzeitig ihren Thymuspunkt berührt, wobei die Nahrung noch im Mund ist. Wird der Arm jetzt schwach, heißt es, daß das Lebensmittel wenig Lebensenergie besitzt, den Thymus schwächt und somit auch uns.

Lassen Sie die Testperson den Mund mit Quell- oder destilliertem Wasser ausspülen, bevor Sie das nächste Nahrungsmittel testen. Überprüfen Sie vorher, ob Sie als Ausgangspunkt einen starken Muskel haben.

Lebensmittel sollten, wie schon der Name sagt, »lebendig« sein, also unbehandelt, frisch, energiespendend, stärkend. Wenn Sie bei Ihrem Nahrungsmitteltest eine Schwächung feststellen, bedenken Sie, daß diese Speisen nicht günstig für Ihre Gesundheit sind, sondern Ihre Lebensenergie schwächen und Energieunausgeglichenheit hervorrufen.

TIP

Ihre Lebensenergie können Sie steigern, indem Sie Ihre Ernährung auf unbehandelte und frische Nahrungsmittel umstellen.

Andererseits läßt sich Ihre Lebensenergie erhöhen, wenn Sie zum Beispiel unbehandeltes Obst oder Gemüse essen. Ihr Körper weiß am besten, was ihm gut tut und was nicht, vertrauen Sie ihm. Sinn und Zweck unserer Ernährung soll doch Energieaufnahme sein und nicht Energieverlust.

Zerebrale Ausgeglichenheit

Ein weiterer Selbsttest nach Dr. Diamond ist der »Test der zerebralen Ausgeglichenheit«. Untersuchungen haben ergeben, daß bei den meisten Menschen eine Gehirnhälfte dominiert, meistens die linke. Ursachen dafür sind unsere Lebensumstände, Streß in Beruf und Familie usw. In der rechten Gehirnhälfte befinden sich die Felder für intuitive und künstlerische Fähigkeiten und für die Raumorientierung. Die linke Hirnhälfte scheint hauptsächlich für analytisches Denken und verbale Aktivitäten verantwortlich zu sein. Es ist ein recht »reduziertes» Leben, wenn eine Gehirnhälfte dominiert. Linksdominante Menschen tendieren dazu, auch unter beträchtlichem Streß zu »funktionieren», sie sind intellektuell ausgerichtet, ihr Gefühlsleben kommt dabei zu kurz, und sie haben sehr wenig Körpergefühl. Rechtsdominante Menschen flüchten gerne bei Streß und Druck in ihre Phantasien, im Extremfall in Krankheit oder Depression, sie leben rein gefühlsmäßig, fällen intuitive Entscheidungen, wirken eher verträumt und verspielt.

Suchen Sie sich eine Testperson mit einem starken Muskel. Die Person hält beispielsweise die Innenfläche der rechten Hand in einem Abstand von ungefähr zehn Zentimetern an das linke Ohr (siehe Abbildung).

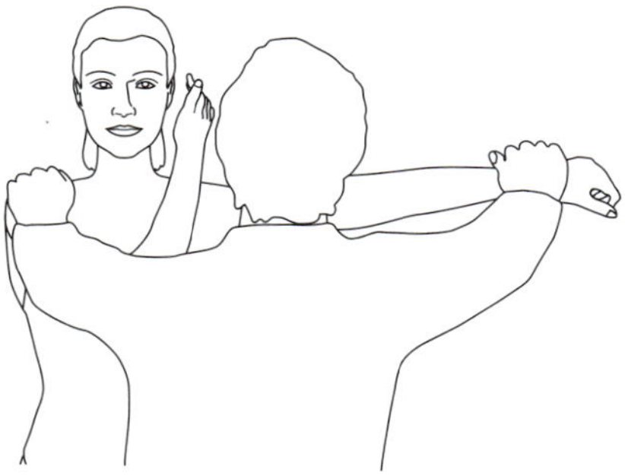

Das Testen der linken Gehirnhemisphäre

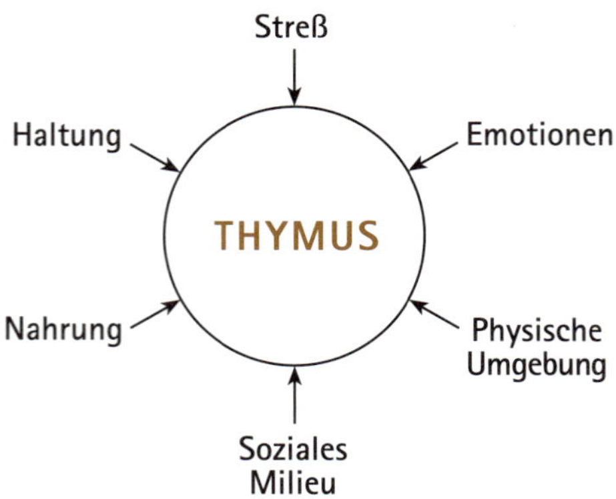

Nun drücken Sie den Testarm, in diesem Fall den linken, nach unten. Bleibt der Arm stark, befindet sich die Testperson im Gleichgewicht. Er bleibt auch stark, wenn Sie den Test auf der anderen Seite wiederholen, wenn die rechte Hand ans rechte Ohr gehalten wird. Bei einem schwachen Arm befindet sich die Testperson im Streß, im Ungleichgewicht. Das heißt, wenn die Hand an die linke Seite gehalten wird und die Testperson wird schwach, sind wir »linksdominant«, ist die rechte Seite schwach, bedeutet das »rechtsdominant«. Viele von uns kennen wahrscheinlich die Situation in Prüfungen; man ist bestens vorbereitet, aber kaum sitzt man vor den Aufgaben, ist der Stoff wie weggeblasen – die rechte Gehirnhälfte abgeschaltet. Von Natur aus sollten unsere beiden Hemisphären immer zusammenarbeiten, denn nur dann können wir wirklich kreativ sein, haben gleichermaßen Zugang zu unseren Gefühlen und zum Verstand und verfügen über all unsere Fähigkeiten. Doch wir haben Bedingungen in unserer äußeren Welt geschaffen, die dazu führen, daß wir uns immer weiter von uns entfernen und immer häufiger erkranken. Ein Weg, der Schwächung durch Anspannung entgegenzuwirken ist, mehrmals (13 bis 14mal) den Thymuspunkt zu beklopfen oder ihn reflexartig zu stimulieren, indem wir die Zungenspitze am Gaumen an den sogenannten »zentrierenden Knopf« legen. Er befindet sich ungefähr einen Zentimeter hinter den oberen Schneidezähnen am Gaumen.

Kleine Übungen

Die folgenden kurzen Übungen dienen dazu, die Gehirnhälften zu integrieren, die Konzentration zu steigern und die Energien zu erhöhen. Sie helfen auch, beide Gehirnhälften wieder zusammenzubringen:

Entspannen Sie sich einige Minuten im Sitzen, atmen Sie ein paarmal tief durch. Strecken Sie die Arme wie beim Muskeltest zur Seite aus, wobei die Handflächen nach außen zeigen, die Hände sind angewinkelt.

TIP

Sie können Ihre Energie und Ihre Konzentrationsfähigkeit nachhaltig steigern, wenn Sie diese Übungen möglichst täglich praktizieren.

Stellen Sie sich Ihre linke Gehirnhälfte in Ihrer linken Hand vor und Ihre rechte Hälfte in Ihrer rechten Hand. Führen Sie langsam die Hände zusammen, so daß nur Ihre Fingerspitzen sich berühren.

Legen Sie die Hände mit den Fingerspitzen aneinander in den Schoß. Konzentrieren Sie sich mit geschlossenen Augen auf Ihre Hände, bis Sie sich klarer, energiereicher und gelassener fühlen. Visualisieren Sie, wie Ihre beiden Hemisphären wieder zusammenarbeiten und Sie sich wirklich glücklich und entspannt fühlen. So lassen sich Ihre Gehirnhälften leicht integrieren

Liegende Acht

Auch die liegende Acht ist eine Übung, die die Zusammenarbeit der rechten und linken Gehirnhälfte fördert. Die Konzentration wird trainiert und das Erinnerungsvermögen beim Lesen wird verbessert.

TIP

Achten Sie bei allen Übungen stets auf eine tiefe, entspannte Atmung.

Stellen Sie sich eine große Acht vor, die vor Ihnen liegt.

Versuchen Sie, diese Acht mit den Augen »nachzuzeichnen«. Falls es Ihnen anfangs schwer fällt, sich eine solche Acht vorzustellen, malen Sie sich eine auf. Sie können diese Übung so oft und so lange durchführen, wie Sie sich wohl dabei fühlen.

Ohren-Acht

Mit dieser Übung wird das Gehör trainiert und das Hören aktiviert.

Stellen Sie sich aufrecht hin und legen Sie Ihr rechtes Ohr an den rechten Oberarm.

Strecken Sie Ihren Oberarm aus, lassen Sie Ihr Ohr am Oberarm und zeichnen nun mit der Hand eine liegende Acht. Dabei bewegen Sie sich mit dem Oberkörper mit. Die Acht sollte vor Ihnen in der Mitte liegen. Führen Sie diese Übung drei- bis viermal durch.

Halten Sie kurz inne und spüren Sie, wie sich Ihr Ohr anfühlt.

Wechseln Sie dann auf die linke Seite.

Legen Sie Ihr linkes Ohr an den linken Oberarm und zeichnen Sie eine liegende Acht. Wiederum drei bis viermal.

Nun halten Sie einen Moment inne, beobachten Sie, inwieweit sich Ihre Ohren oder Ihr Hören verändert haben. Stellen Sie fest, ob sich auch Empfindungen und Gefühle bei Ihnen geändert haben, und ob Sie jetzt vielleicht besser hören können als vorher.

Nach jeder Übung sollten Sie grundsätzlich einen Moment pausieren und feststellen, was sich bei Ihnen geändert hat. Dieses Reflektieren nach jeder Übung ist so sinnvoll wie die Übung selbst. Denn durch das Reflektieren der gerade gemachten Erfahrung kann ein zusätzlicher Lernprozeß stattfinden.

Dr. Diamond hat herausgefunden, daß sich Streß, Druck und Anspannung deutlich reduzieren lassen, wenn man sich ab und zu eine »Energiepause« gönnt. Das Betrachten von Gemälden, und sei es auf Postkarten, hebt die Energie und bringt die beiden Hemisphären wieder in Gleichklang. Als besonders geeignet haben sich Bilder des englischen Malers William Turner erwiesen. Auch das Rezitieren eines Gedichtes hilft, Anspannungen des Tages zu mildern und den Thymus zu stärken. Wenn Sie beim Betrachten eines Bildes oder Rezitieren eines Gedichtes zusätzlich Ihren Thymuspunkt beklopfen, erhöhen Sie die Wirkung. Versuchen Sie es einfach einmal!

Faktoren, die Streß auslösen

Mit dem Muskeltest haben wir ein Instrument erhalten, das es ermöglicht, selbst zu testen, wie es um verschiedene Nahrungsmittel bestellt ist, wie sich Kleidungsstücke auf unserer Haut verhalten, wie bestimmte Musik auf uns wirkt. Somit können wir »Energieräuber« für immer verbannen und uns den Energiespendern zuwenden. Nachfolgend eine kleine Auflistung von alltäglichen Dingen, die nach Dr. Diamond Energiekiller sind:

- Kleidung aus synthetischen Stoffen. Manchmal sind es die Färbemittel, die uns schwächen, es könnte auch sein, daß die Synthetik die normale Ionisierung der Luft um den Körper herum verhindert.

- Beleuchtung. Neonlicht schwächt, Glühbirnen nicht.

- Elektrische Geräte, Mikrowellen. Der Körper wird durch die Mikrowellen gefährlicher Strahlung ausgesetzt, besonders, wenn die Geräte defekt sind oder falsch bedient werden.

- Wegwerfbare Windeln. Wahrscheinlich liegt es an den Chemikalien, mit denen diese Windeln behandelt sind, denn fast alle wegwerfbaren Haushaltsprodukte wirken schwächend.

- Musik. Bestimmte Musikstücke und Musikrichtungen wirken schwächend. Machen Sie den Test. Hören Sie sich eine Musik an und testen Sie daraufhin Ihre Reaktion. Testen Sie zuvor starken Muskel und starken Thymus. Danach führen sie noch einmal beide Tests durch.

- Bettwäsche. Ihre Bettwäsche sollte aus 100 Prozent Naturfasern bestehen, synthetische Bettwäsche verhält sich wie synthetische Kleidung.

- Chemikalien. Benutzen Sie so wenig wie möglich davon. Gehen Sie zu Alternativen über.

- Haushaltsmittel. Testen Sie sie, indem Sie daran riechen oder etwas davon auf die Haut geben. Machen Sie vorher und nachher den Muskel- und Thymusdrüsentest. Es gibt mittlerweile viele umweltfreundliche Produkte, die uns nicht mehr schaden.

- Sonnenbrillen. Dr. Diamond hat herausgefunden, daß jegliche Art von getöntem Glas die Lebensenergie schwächt. Überprüfen Sie es selbst.

- Hüte. Hüte, die nicht vollständig aus Naturfasern bestehen, können den Thymus schwächen.

- Lebensmittel. Fast alle Lebensmittel, die aufbereitet sind (Fast food, Mikrowellenessen, Fertigprodukte, gefärbte Süßigkeiten etc.) beeinträchtigen unsere Energie. Testen Sie selbst!

- Rauchen. Rauchen schwächt nicht nur den Raucher selbst, sondern auch die Personen, die mit im Raum sind und nicht rauchen. Test: Nehmen Sie einen Zug von einer Zigarette und testen Sie, – vergessen Sie den Vortest nicht. Ihr Thymus wird mit Sicherheit schwach, vorher vielleicht schon der Muskel.

- Symbole. In unserem Umfeld gibt es viele Symbole, Bilder, Statuen, wir selbst tragen Symbole wie Kettenanhänger, Kreuze, Herzen und dergleichen. Mit Hilfe des Muskeltests läßt sich schnell deren Wirkung und Energie herausfinden.

Betrachten Sie die Symbole der Abbildung nacheinander und testen Sie deren Wirkung auf Sie.

DAS GRIECHISCHE KREUZ

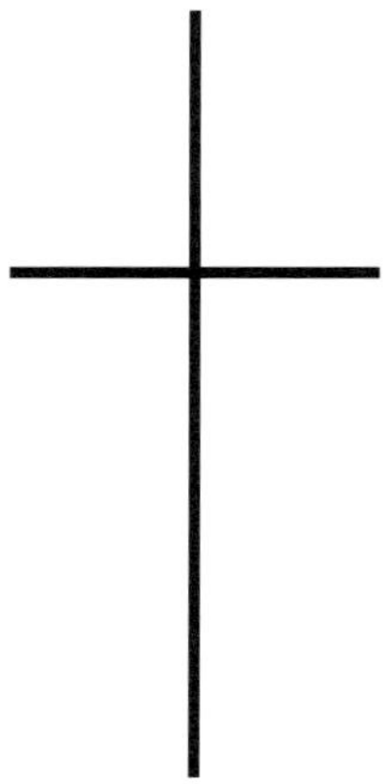

DAS RÖMISCHE KREUZ

Meist bleibt der Arm bei dem griechischen Kreuz stark und wird schwach, wenn wir das römische Kreuz betrachten. Machen Sie den gleichen Test mit folgenden Abbildungen.

Ja, richtig, das lachende Gesicht wirkt stärkend. Lachen Sie öfter mal, auch wenn Ihnen nicht danach zumute ist. Je mehr Sie lachen, desto mehr Lebensenergie wird geweckt, je mehr Lebensenergie Sie besitzen, desto glücklicher fühlen Sie sich und Sie werden noch mehr lachen.

Natürlich wirken nicht nur Gegenstände und Symbole auf uns, sondern auch die Menschen in unserer Umgebung, mit denen wir in Kontakt treten. So etwa hat eine Testperson A einen starken Thymus und trifft auf Testperson B mit schwachem Thymus. Was geschieht? Die Situation kehrt sich um. Person A hat einen schwächeren Thymus und Person B einen stärkeren, nachdem sie miteinander kommuniziert haben.

TIP

Ein Absinken Ihrer Energien können Sie verhindern, indem Sie mehrmals täglich auf Ihren Thymuspunkt klopfen.

Es scheint, daß der »starken« Person durch den persönlichen Kontakt Lebensenergie entzogen wurde. Wir werden ständig beeinflußt und beeinflussen selbst durch unsere Erscheinung. Die Stimme eines anderen Menschen, die Augen, die Ausstrahlung kann sich auf uns auswirken. Also ist es wichtig für uns, unsere Lebensenergie so weit anzuheben, daß wir nicht mehr geschwächt werden können und daß andere Menschen von uns »gestärkt« werden.

Die Lebensenergie stärken

Versuchen Sie, vieles in Ihrer Umgebung, von Ihrer Ernährung und Ihren sonstigen Lebensgewohnheiten auszutesten, um so viele »Energieräuber« wie möglich durch »Energiespender« zu ersetzen. Nur wenn der Thymus richtig arbeitet, befinden wir uns im Zustand bester Gesundheit.

Halten Sie sich immer gerade. Auch Nahrung ist viel bekömmlicher, wenn man beim Essen gerade sitzt.

Duschen Sie in aufrechter Haltung. Konzentrieren Sie sich auf positive Gedanken: Liebe, Gesundheit, Glück, Freude und Mut.

Beklopfen Sie ein paarmal am Tag Ihren Thymuspunkt im oberen Drittel des Brustbeines, um Ihre Energie zu stärken, besonders wenn Sie sich in einer angespannten Situation befinden.

Berühren Sie mit der Zunge den »zentrierenden Punkt«.

Gehen Sie öfter hinaus in die Natur, hören Sie auf die Geräusche, das Vogelgezwitscher, das Rauschen eines Baches, den Wind in den Bäumen.

Machen Sie ab und zu eine Energiepause, rezitieren Sie ein Gedicht oder betrachten Sie ein Landschaftsgemälde. Beklopfen Sie dabei Ihre Thymusdrüse, das erhöht die Energie und bringt die Gehirnhälften wieder in Einklang. Lachen und singen Sie öfter.

Der Hauttest

Neben dem Muskeltest gibt der Hauttest Auskunft über energetische Disbalancen (siehe Abbildung).

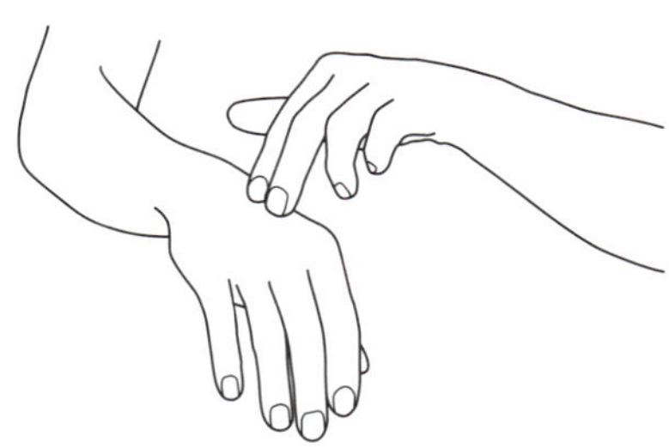

Dieser Test gibt Ihnen Aufschluß darüber, ob Ihre Meridiane in der richtigen Laufrichtung fließen und wie es um Ihren Energiehaushalt bestellt ist.

Streichen Sie mit zwei Fingern einer Hand über den Handrücken der anderen. Versuchen Sie den Hautwiderstand zu erspüren, konzentrieren Sie sich darauf. Sagen Sie jetzt »Ja«, während Sie immer noch mit den Fingern über Ihren Handrücken streichen.

Jetzt sagen Sie mehrmals »Nein« und streichen weiter über Ihren Handrücken. Haben Sie einen Unterschied bemerkt? Meist gleiten die Finger bei »Ja« ganz leicht über die Hautoberfläche, während sie bei »Nein« schwerer gleiten, manchmal sogar stocken.

Wenn Sie sich mit dem Hauttest sicher fühlen, können Sie jetzt testen, ob Ihre Meridiane richtig fließen. Durch großen Streß können Meridiane ihre Richtung ändern, unsere Energien sind nicht mehr im Einklang, und wir fühlen uns unwohl.

Streichen Sie wieder über Ihren Handrücken und zählen Sie dabei langsam bis fünf. Jetzt zählen Sie langsam von 5 bis 1 und streichen weiter über Ihren Handrücken. Achten Sie wieder auf den Hautwiderstand.

Bei 1 bis 5 sollten die Finger leicht über den Handrücken gleiten und von 5 bis 1 spürbar schwerer oder überhaupt nicht mehr. Ist es bei Ihnen umgekehrt, fließen Ihre Meridiane in veränderter Richtung.

Sitz-Acht

Die Sitz-Acht ist eine ausgleichende Übung. Setzen Sie sich hin. Schlagen Sie ein Bein über das andere, so daß der Knöchel auf dem Knie liegt. Nehmen Sie nicht das Bein, das Sie spontan überschlagen wollten, sondern das andere.

Jetzt umfassen Sie– gleich welches Bein Sie übergeschlagen haben – mit der rechten Hand die Ferse dieses Beines. Legen Sie Ihre linke Hand auf den Fußrist desselben Beines. Atmen Sie ein paar Mal tief durch und bleiben Sie ungefähr eine Minute in dieser Stellung.

Machen Sie danach erneut den Hauttest. Zählen Sie von 1 bis 5 und von 5 bis 1. Meist reicht eine Übung aus, um die Meridiane wieder ins Gleichgewicht zu bringen (1 bis 5 Hautwiderstand leicht, 5 bis 1 Hautwiderstand schwer). Sollte dies nicht der Fall sein, wiederholen Sie die »Sitz-Acht« und testen Sie dann noch einmal.

Meridian-Testpunkte nach Diamond

Wie schon auf S. 21 erwähnt, kann eine geschwächte Lebensenergie, die eine Blockade der Meridiane verursachen kann, zu ernsthaften organischen Erkrankungen führen.

Nach Diamond läßt sich jeder Meridian bestimmten Gefühlen zuordnen. Berühren Sie die verschiedenen Meridian-Punkte (siehe rechts und unten) und gehen Sie dabei genauso vor, wie auf S. 21 beschrieben, nur, statt den Thymuspunkt zu berühren, testen Sie einen Meridianpunkt. Somit können Sie leicht feststellen, welche negative Gefühlslage gerade vorhanden ist.

Die Meridiane

Nach Diamond: »Die heilende Kraft ... «
(S. 125 ff.)

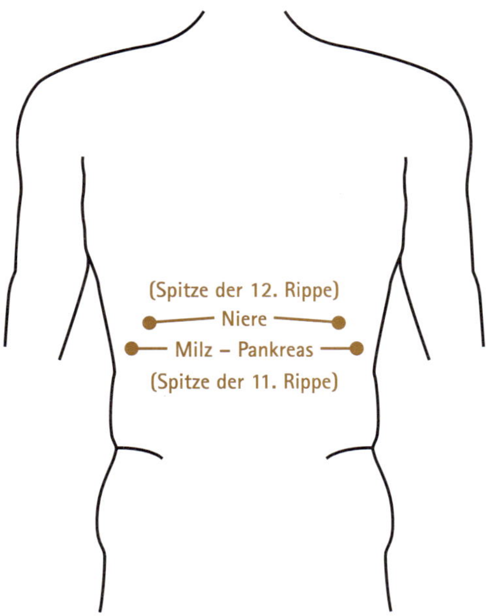

HINTEN

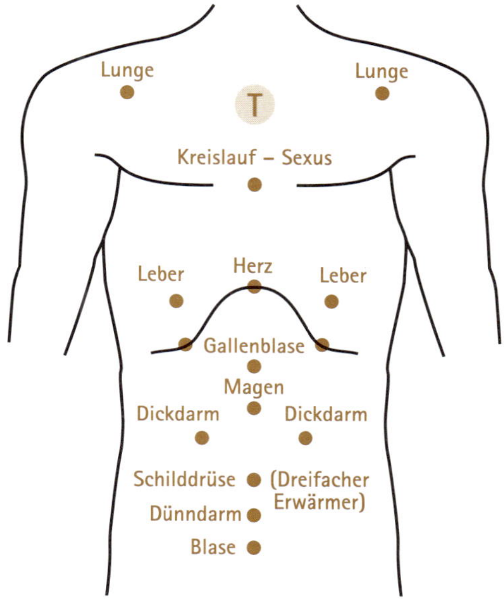

VORNE

»Lungenmeridian«

Negative Emotionen:	Verachtung Hohn Geringschätzung falscher Stolz Vorurteil
Positive Einstellung:	Ich bin demütig. Ich bin tolerant. Ich bin bescheiden.

»Lebermeridian«

Negative Emotionen:	Unglücklichsein
Positive Einstellung:	Ich bin glücklich. Ich habe Glück. Ich bin fröhlich.

»Gallenblasenmeridian«

Negative Emotionen: Wut
Jähzorn

Positive Einstellung: Ich gehe liebevoll auf andere zu.

»Milz-Pankreas-Meridian«

Negative Emotionen: Realistische Zukunftsängste

Positive Einstellung: Ich fühle mich sicher. Ich vertraue und glaube an meine Zukunft.

»Niere«

Negative Emotionen: Sexuelle Unschlüssigkeit

Positive Einstellung: Ich fühle mich sexuell sicher.

»Dickdarm«

Negative Emotionen: Schuldgefühl

Positive Einstellung: Ich bin von Grund auf rein und gut. Ich bin es wert, geliebt zu werden.

»Kreislauf-Sexus-Meridian«

Negative Emotionen: Bedauern und Reue, Eifersucht

Positive Einstellung: Ich lasse die Vergangenheit los. Ich bin entspannt, mein Körper ist entspannt.

»Herz-Meridian«

Negative Emotionen: Zorn, Ärger

Positive Einstellung: Ich liebe.
Ich verzeihe.

»Magenmeridian«

Negative Emotionen: Ekel, Enttäuschung, Bitterkeit, Übelkeit

Positive Einstellung: Ich bin zufrieden.
Ich bin gelassen.

»Schilddrüsenmeridian«

Negative Emotionen: Depressionen, Verzweiflung, Trauer, Einsamkeit

Positive Einstellung: Ich bin leicht und beschwingt.
Ich bin hoffnungsfroh.

»Dünndarmmeridian«

Negative Emotionen: Traurigkeit, Kummer, Leid.

Positive Einstellung: Ich bin voller Freude.
Ich hüpfe vor Freude.

»Blasenmeridian«

Negative Emotionen:	Ruhelosigkeit, Ungeduld, Frustration
Positive Einstellung:	Ich bin friedvoll. Ich bin ausgeglichen.

»Thymusdrüse«
Ich liebe.
Ich glaube.
Ich vertraue.
Ich bin dankbar.
Ich bin mutig.

Diamond hat eine Meditation entwickelt, die die Lebensenergie erhält und steigert. Legen Sie sich auf den Rücken, wobei Sie die Beine anwinkeln; die Füße parallel zu den Hüften auf den Boden stellen. Legen Sie ein, zwei Bücher unter Ihren Kopf, so daß Wirbelsäule und Nacken eine Linie bilden.

Berühren Sie mit der Zunge den »zentrierenden Punkt« (1/2 - 1 cm hinter den oberen Schneidezähnen).

Atmen Sie entspannt durch die Nase. Wenn Sie nun entspannt sind, sagen Sie mit viel Überzeugung alle positiven Einstellungen der einzelnen Meridiane. Beenden Sie diese mit der Thymusdrüse. Schließen Sie die Meditation mit dem Satz: »Meine Lebensenergie ist hoch. Ich bin voller Liebe.«
(Diamond, »Die heilende Kraft ...«, S. 247)

Meridianübung
Diese Übung soll den Fluß der Meridianenergien im Körper stimulieren und die Energie steigern. Machen Sie diese Übung einmal täglich, am besten morgens, gleich nach dem Aufstehen.

Stellen Sie sich aufrecht hin, die Beine leicht auseinander, ungefähr in Schulterbreite. Strecken Sie die Arme nach vorne aus und formen Sie mit den Händen ein Dreieck – Daumen und Zeigefinger berühren sich, so daß ein Dreieck entsteht.

Beschreiben Sie nun mit den Händen einen großen Kreis vor Ihrem Körper nach vorne, von oben nach unten und wieder zum Körper hin. Schauen Sie dabei immer durch das Dreieck. Atmen Sie tief ein, wenn Sie die Arme oben haben, und aus, wenn sie nach unten gehen. Machen Sie diese Bewegung dreimal. Dann wechseln Sie die Richtung und führen die Bewegung wieder dreimal aus.

Jetzt halten Sie das Dreieck nach links oben und blicken hindurch. Machen Sie diese Bewegung so, als würden Sie in einem großen Reifen stehen, den Sie mit den Händen nachzeichnen. Gehen Sie mit den Händen nach links unten, rechts unten, rechts oben und wieder links oben. Dann wechseln Sie die Richtung, beginnen Sie rechts oben. Jede Richtung soll je dreimal durchgeführt werden. Atmen Sie ein, wenn das Dreieck oben ist, und bei der Abwärtsbewegung aus.

Den Zentralmeridian »bürsten«

Der Zentralmeridian, der an der Vorderseite des Körpers entlang verläuft, beginnt am Schambein und endet am Kinn. Bürsten oder massieren Sie ihn, indem Sie mit den Händen von unten nach oben streichen, ca. 2 bis 3 cm über dem Körper, ohne die Kleidung zu berühren.

TIP

Diese Übung können Sie hervorragend im Alltag anwenden. Sie werden bemerken, wie mehr Energie fließt und Sie wieder freier atmen können.

Streichen Sie mehrmals über diesen Meridian. Die Übung dient dazu, uns vor schwierigen Situationen zu schützen. Auf diese Art und Weise können Sie jeden Meridian »bürsten«.

Weitere Streßlösungstechniken

Wie erwähnt, ist Streß ein wichtiges Thema, da unsere Körperenergien angegriffen werden, wir psychisch und physisch größeren Belastungen unterworfen sind, wir meist keine Energiereserven mehr besitzen und schließlich erkranken. Die Kinesiologie bietet viele Möglichkeiten, Streß abzubauen und ein ruhiges, harmonisches und glücklicheres Leben zu führen.

Die Stirnhöckerübung

Diese Übung nach Dr. Grüber entspannt und hilft, in kurzer Zeit neue Kraft zu schöpfen. Sie kann immer und überall gemacht werden.

Die beiden Stirnhöcker befinden sich unterhalb des Haaransatzes. Nehmen Sie die Mitte einer jeden Augenbraue und gehen Sie nach oben bis zum Haaransatz, bis Sie zwei kleine Erhebungen spüren. Berühren Sie diese Punkte leicht mit den Fingern. Atmen Sie dabei tief durch. Denken Sie an Ihr Problem oder die für Sie streßauslösende Situation und zwar so lange, bis Sie Erleichterung spüren und sich besser fühlen. Jetzt haben Sie sich aus Ihrer Gedankenschleife befreit und können sich mit der Lösung Ihres Problems beschäftigen.

Im hinteren Teil des Gehirns befindet sich das Erinnerungsvermögen, das uns einen »inneren Film« vorspielt. Aufgrund alter Verhaltensmuster und Erinnerungen werden verinnerlichte Glaubenssätze aufgerufen, gespeicherte Maßstäbe, die irgendwann in der Vergangenheit entstanden sind. Streß entsteht folglich immer dann, wenn wir uns weigern, eine Situation oder einen Menschen so anzunehmen, wie sie gerade sind und statt dessen unbewußt auf alte Verhaltensmuster reagieren.

Bei Berührung der Stirnhöcker lösen wir uns von den eingefahrenen Mustern und aktivieren gleichzeitig unser Kreativitätszentrum.

Befinden Sie sich in einer Situation, die Ihnen unangenehm erscheint oder sogar Widerstände in Ihnen auslöst, können Sie sicher sein, daß Sie in alte Verhaltensmuster geraten sind. Ihre Reaktion hat mit der momentanen Sachlage nicht viel zu tun, denn die Widerstände sind ein sicheres Zeichen für alte Muster und Glaubenssätze.

Versuchen Sie, in der Gegenwart zu bleiben, den Menschen oder die Situation so anzunehmen, wie sie sind. Sie werden sich dabei wohl fühlen und angstfrei sein und reagieren. Es hilft Ihnen, bei sich selbst zu bleiben und eigenverantwortlich zu handeln.

»Vorne/hinten halten«

Eine weitere Übung, die uns helfen kann, wieder ins Gleichgewicht zu kommen, ist, sich den Kopf vorne und hinten zu halten. Konzentrieren Sie sich auf Ihren Atem, legen Sie eine Hand an die Stirn, die andere an den Hinterkopf (siehe Abbildung).

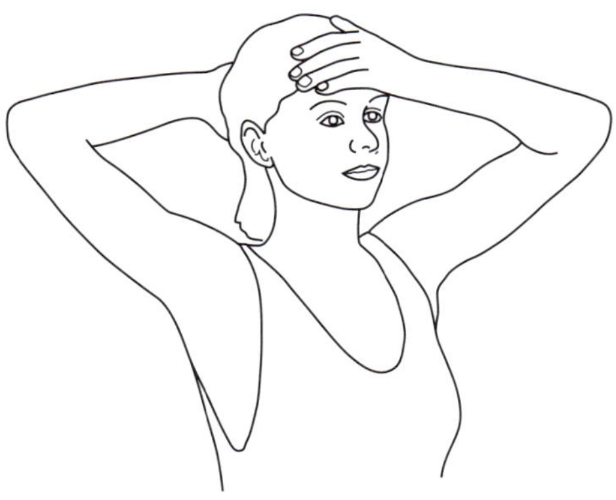

»Vorne / Hinten Halten«

Gehen Sie nun in Gedanken noch einmal die Geschehnisse, die Sie belastet haben, durch, bis Sie sich entspannter fühlen. Danach stellen Sie sich die Situation so vor, wie Sie optimal gewesen wäre. Lassen Sie alle Gefühle und Gedanken hochkommen, aber schenken Sie ihnen keine Bedeutung, atmen Sie tief und beobachten Sie einfach.

Sollten Sie dabei überholte Glaubenssätze entdecken, ersetzen Sie diese durch neue, befreiende. Sagen sie statt »Ich bin schwach« – »Ich bin stark« oder statt »Keiner liebt mich« – »Ich bin liebenswert und werde geliebt«. Finden Sie für sich den entsprechenden Glaubenssatz: Er soll in der Gegenwart stehen und positiv formuliert sein.

TIP

Sprechen Sie einen positiven Satz wie: «Ich bin liebenswert« oder «Ich bin o.k., so wie ich bin«. Wiederholen Sie ihn fünfmal mit geöffneten und zweimal mit geschlossenen Augen, während Sie Ihre «Vorne/hinten-halten«-Übung praktizieren. Sie werden mit der Zeit positive Veränderungen feststellen können.

Diese Übung aus der Kinesiologie eignet sich hervorragend, um unangenehme, immer wiederkehrende Gefühle anzuschauen, während Sie Ihren Kopf vorne/hinten halten, ihnen den Druck zu entziehen, indem Sie sie bewußt durchleben, sich dann eine für Sie günstigere Lösung überlegen und diese durchspielen. Außerdem »verankern« sich Visualisierungen und neue Glaubenssätze stärker, wenn Sie während der »Vorne/hinten-halten«-Übung ausgesprochen werden. Am Hinterkopf ist die Erinnerung durch Bilder gespeichert. Durch die Hand an der Stirn wird die Durchblutung in den Stirnlappen ebenso angeregt wie die Kreativität.

Überkreuzbewegung

Diese Übung wirkt energiesteigernd und integriert die Gehirn- und Körperhälften. Stellen Sie sich aufrecht hin, atmen Sie tief durch und lassen Sie Ihre Arme locker herunterhängen. Berühren Sie mit Ihrem rechten Ellbogen das linke Knie, danach mit dem linken Ellbogen das rechte. Bewegen Sie sich fließend, harmonisch und atmen Sie tief. Führen Sie diese Übung auf jeder Seite viermal durch.

TIP

Machen Sie diese Übung auch mit Ihren Kindern; deren Konzentration sowie das Lernverhalten werden sich verbessern.

Danach bewegen Sie sich parallel. Der rechte Ellbogen berührt das rechte und der linke Ellbogen das linke Knie. Führen Sie diese Übung wiederum auf jeder Seite viermal durch. Schließen Sie die ganze Übung immer mit einer Überkreuzbewegung ab! Jede Seite viermal.

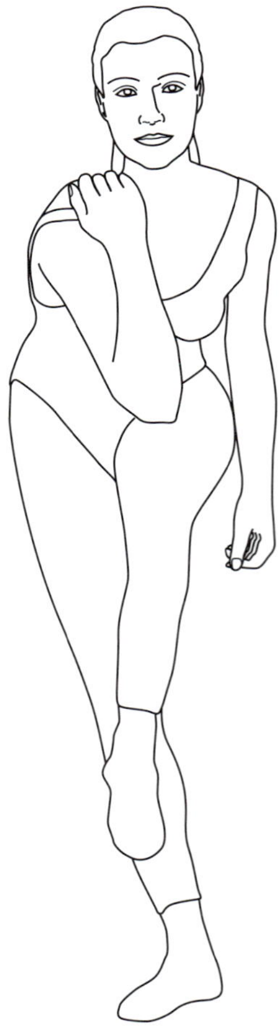

ÜBERKREUZBEWEGUNG

Sich zentrieren – in die Mitte bringen
(siehe Abbildung)

Folgende Übungen verbinden Kopf und Körper, Gegenwart und Vergangenheit und rechte Körperseite und linke Körperseite.

Kopf und Körper

Stellen Sie sich gerade hin. Legen Sie eine Hand auf den Bauchnabel. Den Zeigefinger der anderen Hand legen Sie über die Oberlippe und den Daumen zwischen Unterlippe und Kinn, als ob Sie Ihre Lippen festhalten wollten.

Massieren Sie beide Stellen, indem Sie an der Hautoberfläche waagerechte Bewegungen ausführen, ungefähr 20 bis 30 Sekunden. Danach wechseln Sie die Hände und massieren diese Punkte wieder genauso lange.

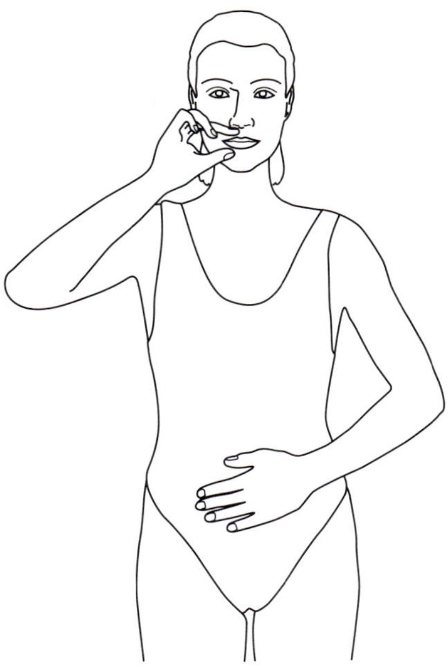

Gegenwart und Vergangenheit

Legen Sie eine Hand am Rücken auf Ihr Steißbein. Die andere Hand auf Ihren Bauchnabel. Massieren Sie diese Stellen 20 bis 30 Sekunden und wechseln Sie dann die Hände, um diese Übung zu wiederholen.

Rechte und linke Körperseite

Legen Sie Daumen und Zeigefinger unterhalb des Schlüsselbeins in die Grube. Die andere Hand legen Sie auf Ihren Bauchnabel. Massieren Sie 20 bis 30 Sekunden lang mit beiden Händen diese Punkte und wechseln Sie anschließend die Hände. Die Punkte unter dem Schlüsselbein sind die

Akupunkturpunkte Niere 27, auch Gehirnknöpfe genannt, da sie in der traditionellen chinesischen Medizin Bezug zum Gehirn haben. Speziell diese Übung integriert in kürzester Zeit beide Hemisphären und stimuliert sie für das Lernen. Gehirnknöpfe stimulieren außerdem die Produktion von Überträgersubstanzen im Nervensystem, den Neurotransmittern in den Synapsen, das sind Verbindungsstellen zwischen zwei Nerven des Gehirns.

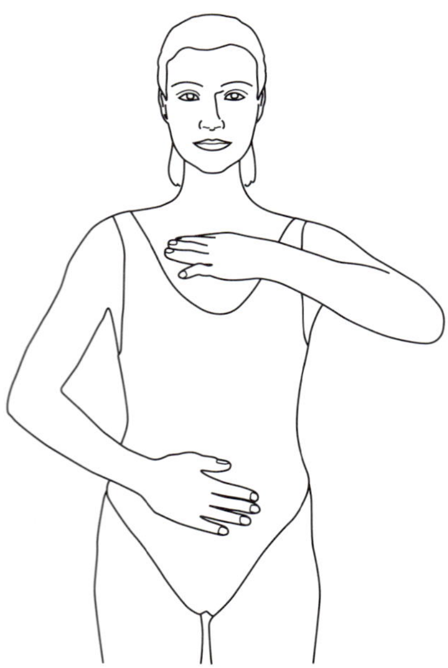

Geist-Körper-Integration
Fast alle Menschen in unserem Kulturkreis leiden an mangelnder Integration von Geist und Körper. Diese Übung schafft Abhilfe, spendet Energie und regt die Gehirntätigkeit an. Die folgende Übung ist eine Kombination aus Bewegungsabläufen des Yoga und Atemtechniken der Bioenergetik und wird Ihnen bei dieser Integration helfen.

Schließen Sie Ihre Augen. Beginnen Sie damit, Ihren Kopf langsam auf die Schultern sinken zu lassen, während Sie vollständig ausatmen.

Dann lassen Sie den Kopf langsam über eine Schulter nach hinten abrollen, wobei Sie durch die Nase einatmen, bis der Kopf einen Halbkreis zur anderen Schulter vollendet hat.

Atmen Sie durch den Mund aus, bis der Kopf über die andere Schulter wieder nach vorn auf die Brust rollt.

Atmen Sie seufzend aus, solange es geht.

Sollten Ihr Nacken oder Ihre Schulter so verspannt sein, daß diese Bewegungen an manchen Stellen schmerzen, zwingen Sie sich nicht durch den Schmerz hindurch, sondern lassen Sie den Kopf nur locker, soweit wie eben möglich, kreisen. Bei jedem weiteren Mal, wenn Sie diese Übung machen, werden sich Ihre Verspannungen weiter lockern.

Lassen Sie Ihren Kopf drei- bis viermal in eine Richtung kreisen und wechseln Sie dann zur anderen Richtung. Kreisen Sie wieder drei- bis viermal und öffnen Sie nun

Ihre Augen. Während Sie wieder den Kopf drei- bis viermal in jede Richtung kreisen, lassen Sie Ihre Umgebung mit geöffneten Augen einfach an sich vorüberziehen.

Seufzen oder gähnen Sie, es entspannt außerordentlich, wenn Sie durch die Entspannung im Kehlkopfbereich dazu angeregt werden. Halten Sie einen Moment inne und überlegen Sie, wie sich Ihre Atmung verändert hat.

Eine Übung für die Ohren
Diese Übung verbessert das Seh- und Hörvermögen. Menschen, die unter ständiger Lärmbelastung leben, sollten täglich ihre Ohren massieren.

TIP

Steigern Sie Ihr Wohlbefinden durch eine Massage am Ohr. Sie wird regenerierend und heilend wirken. Spannungen werden abgebaut, der Energiefluß wird angeregt.

Eine Massage am Ohr steigert das Wohlbefinden, wirkt regenerierend und heilend, da sie den Energiefluß anregt und Spannungen abbaut. Während der Massage sollten Sie bewußt atmen, mit Betonung auf dem Ausatmen. Die Selbstmassage führen Sie an beiden Ohren gleichzeitig mit Zeigefinger, Mittelfinger und Daumen durch.

Durch die Ohrenmassage aktivieren Sie gleichzeitig Ihren Gleichgewichtssinn, was sich positiv bei Reisekrankheit und Schwindelanfällen auswirkt.

Beginnen Sie, vom Ohrläppchen aus, Ihre Ohren zu massieren. Arbeiten Sie von unten nach oben und streichen Sie Ihre Ohrmuscheln von innen nach außen aus, als wollten Sie sie vergrößern. Beginnen Sie immer wieder bei den Ohrläppchen.

Jetzt drehen Sie Ihren Kopf auf die rechte Seite, zur Schulter hin und massieren Sie dabei Ihre Ohren immer von unten nach oben und diesmal zurück nach unten. Massieren Sie Ihre Ohren immer weiter und schauen Sie über die rechte Schulter, drehen Sie anschließend den Kopf zurück zur Mitte, immer die Ohren massierend.

Drehen Sie nun den Kopf zur linken Seite und schauen Sie über Ihre linke Schulter und anschließend zurück zur Mitte. Als Abschluß dehnen Sie durch sanftes Ziehen vom Körper weg, in Richtung Peripherie, Ihre Ohrmuschel und beenden diese Übung mit einer sanften Dehnung des Ohrläppchens.

Übungen für die Augen
Mit dieser Übung können Sie übermüdete Augen »erfrischen«, Ihr Gesichtsfeld erweitern, Ihre Augenmuskeln stärken und bei regelmäßiger Anwendung womöglich Ihre Sehkraft verbessern.

Massieren Sie Ihre Augenpunkte, die sich am Hinterkopf befinden. Legen Sie Ihre

Handflächen – die Fingerspitzen zeigen zum Hinterkopf – über den Ohren links und rechts an den Kopf. An der Stelle, an der die Mittel- und Ringfinger liegen, sitzen die Augenpunkte in kleinen Vertiefungen. Schauen Sie ungefähr 15 bis 20 Sekunden geradeaus und massieren Sie Ihre Augenpunkte. Schauen Sie für weitere 15 bis 20 Sekunden nach oben und massieren Sie weiter. Der Kopf bleibt gerade.

Kreisen Sie mit den Augen zehn- bis 15mal im Uhrzeigersinn und danach zehn- bis 15mal links herum, während Sie immer noch Ihre Augenpunkte massieren. Achten Sie auf Ihre Atmung, atmen Sie tief aus und ein.

Entspannung der Augen
Stehen Sie aufrecht und halten Sie Ihren Kopf gerade.

Massieren Sie Ihre Gehirnknöpfe, die Punkte unterhalb des Schlüsselbeins in der Vertiefung, den rechten mit den Fingern der rechten Hand, den linken mit der linken Hand.

Massieren Sie etwa 25 Sekunden und sehen Sie dabei geradeaus. Achten Sie auf eine tiefe Atmung. Schauen Sie nach links, ohne den Kopf zu drehen und massieren Sie Ihre Gehirnknöpfe weitere 25 Sekunden. Blicken Sie für weitere 25 Sekunden nach unten, während Sie Ihre Punkte massieren. Dann schauen Sie nach rechts und nach oben, jeweils für 25 Sekunden, während denen Sie weiter massieren.

Sie können diese Entspannungsübung auch durchführen, indem Sie sich ans Fenster stellen, in der Ferne einen Punkt anvisieren und dabei für 25 Sekunden Ihre Gehirnknöpfe massieren.

Jetzt suchen Sie sich einen Punkt in der Nähe und konzentrieren sich wieder für 25 Sekunden darauf, während Sie Ihre Punkte massieren. Achten Sie dabei immer auf Ihre Atmung.

Wenn Sie die ganze Übung etwas steigern möchten, sprechen Sie jetzt noch das Alphabet von A bis Z. Dadurch verbessern Sie zusätzlich Ihre Lesefähigkeit. Vergessen Sie nur nicht, Ihre Gehirnknöpfe dabei zu massieren.

TIP

Steigern Sie die Effektivität der Übungen, indem Sie sie täglich anwenden.

Augenluft-Acht
Diese Übung verbessert räumliches Sehen, entspannt, stärkt die Rückenmuskulatur und verbindet die Gehirnhälften.

Strecken Sie Ihren linken Arm nach vorne aus. Zeichnen Sie mit Ihrer Hand sieben große liegende Achten nach. Schauen Sie immer auf Ihre Hand. Beginnen Sie die Acht in der Mitte und führen Sie sie zuerst nach oben. Danach wechseln Sie zur rechten Hand und beschreiben siebenmal die liegende Acht.

Legen Sie Ihre Handflächen zusammen, die Daumen zeigen zum Himmel, und malen Sie noch sieben liegende Achten in die Luft. Beobachten Sie dabei Ihre Daumen. Atmen Sie während der Übungen tief durch.

Versuchen Sie, bei den einzelnen Übungen etwas zu lächeln, das entspannt, macht glücklich, erleichtert die Übung und erfrischt. Viel Spaß damit!

Brain-Gym

Freude am Lernen durch Gehirngymnastik

Brain-Gym wurde früher als Educational Kinesiology bezeichnet. Mit Brain-Gym konnte in den letzten zehn Jahren Kindern mit Lern- und Koordinationsstörungen auf erstaunliche Weise geholfen werden. Erfolge zeigten sich gerade bei denjenigen, die schon eine ganze Serie anderer Behandlungen erfolglos absolviert hatten.

Kinesiologie ist Bewegung und »Bewegung ist das Tor zum Lernen«, wie Paul und Gail Dennison definieren. Sie nehmen an, daß es keine Lernunfähigkeit gibt, sondern nur Lernblockaden. Brain-Gym (»Gehirngymnastik«) besteht aus vielen schnellen, lustigen und belebenden Übungen. Sie bereiten jeden Lernenden wirksam auf spezifisches Denken und die Fähigkeit zu Koordination vor. Lernen und Bewegung werden spielerisch zusammengebracht. Sie regen das Gehirn und das Nervensystem zu höherer Leistung an, durch die Bewegung werden neue neurologische Vernetzungen geschaffen. Haltung und Feinmotorik werden verbessert, und somit wird das Schreiben gefördert. Die Kinder bekommen mehr Selbstbewußtsein und wieder Spaß am Lernen.

Kindern ist die Lernfähigkeit angeboren, sie besitzen eine enorme Wissensgier und wissen instinktiv, wie man lernt. Sie können extrem viele Informationen aufnehmen und diese in kürzester Zeit in Handlungen umsetzen. Lernen wir unter Streß, behält das laterale Gehirn nur die einseitigen Aspekte dieses Lernens. Wiederholen sich diese Lernsituationen, werden die Erfahrungen verankert, das heißt, Lernen bedeutet Streß, was zu einer Lernblockade führt. Brain-Gym versucht, die natürlichen Lernmuster wiederherzustellen und erneut Freude am Lernen zu wecken.

Was beeinträchtigt die Lernsituation von Kindern?

Nach Paul und Gail Dennison »ist der Mensch einzigartig dazu bestimmt, entweder bilateral (zweiseitig) integriert oder monolateral (einseitig) spezialisiert zu sein«. Bei den meisten unserer Bewegungsabläufe ist unsere Zweiseitigkeit gefordert: Sehen, Hören, Hand-Augen-Koordination und die Körperbewegung. Druck entsteht, wenn wir uns zu sehr auf eine Seite verlassen, unser gesamtes System wird dadurch gestreßt.

Bei Kindern mit Lernschwierigkeiten liegt die häufigste Ursache darin, daß sie sich zu viel mit zweidimensionalen Aktivitäten wie Fernsehen und Videospielen beschäftigen. »Wenn sich das Kind zu viel damit beschäftigt, bevor es die visuellen Fähigkeiten entwickelt hat, die nötig sind, um zur Dreidimensionalität des alltäglichen Lebens zurückzufinden oder wenn diese Aktivitäten es so einlullen, daß es seine Tiefenwahrnehmung ignoriert, wird das zu chronischem Streß führen«, sind Paul und Gail Dennison überzeugt. Lernen findet zwar auch unter Streß statt, aber dann nur einseitig, nicht effektiv, das Kind ist in einer Lernsituation festgefahren.

Weitere Ursachen von Lernschwierigkeiten

Bewegungsarmut: Aktivität und Entspannung sind natürliche Zustände der Muskeln. Finden wir weder zu Entspannung noch zu Aktivität Zugang, so entsteht Streß.

Falsche Ernährung: Einseitige, unnatürliche Ernährung wie Fast food, zu viele Süßigkeiten, zuckerhaltige Getränke belasten den Stoffwechsel und die Gehirnfunktion.

Wasserhaushalt: Zu wenig Wasser im Körper schadet uns. Wasser dient als Medium, um die elektrischen Informationen über die Nerven weiterzuleiten.

Körperhaltung: Schlechte Körperhaltung beim Schreiben, Lesen usw. Muskelverspannungen, Ungleichgewichte durch zu langes Sitzen und einseitige Körperhaltung.

Physische und emotionale traumatische Erlebnisse.

Einschränkende Glaubenssätze: »Ich bin ein Versager«, »Ich bin zu dumm, um das zu schaffen«, »Ich kann nicht singen, schreiben...«.

TIP

Trinken Sie am Tag ungefähr 2 - 3 l Wasser, da der Mensch 1,5 l am Tag ausscheidet und 0,5 l über die Haut abgibt (Schweiß). Zu wenig Flüssigkeit kann Kopfschmerzen, Streß, Gereiztheit, Müdigkeit auslösen. Außerdem ist es wichtig, vor den Übungen Flüssigkeit aufzunehmen, um optimale Lernvoraussetzungen zu schaffen.

Übungen für Eltern und Kind

Diese Übung eignet sich dann, wenn Ihr Kind Angst vor einem bestimmten Ereignis hat, zum Beispiel vor einer Schulaufgabe oder Klassenfahrt.

Ihr Kind soll aufrecht auf einem Stuhl sitzen, die Füße stehen am Boden nebeneinander. Berühren Sie die Stirnhöcker, die kleineren Erhebungen im oberen Drittel zwischen Augenbrauen und Haaransatz

Ihres Kindes und sagen Sie ihm, es soll so lange an die angstauslösende Situation denken, bis die Angst davor verflogen ist.

Danach stellen Sie sich hinter Ihr Kind und berühren nochmals ganz leicht seine Stirnhöcker. Konzentrieren Sie sich auf Ihr Kind. Es soll nochmals sein Problem durchdenken.

Fragen Sie Ihr Kind, wie es sich fühlt. Machen Sie diese Übung so lange, bis das Kind sich entspannt, stark, sicher und ruhig fühlt.

Ohren-Acht für Kinder

Die oben beschriebene Übung können Sie auch leicht mit Ihrem Kind machen. Sie »schaltet« die Ohren ein, erhöht die Energie, integriert die Gehirnhälften und lockert die Schulter- und Nackenmuskulatur. Außerdem helfen alle Überkreuzübungen, die Koordination und das Lernen zu verbessern.

Führen Sie die Übung wie auf Seite 39 beschrieben durch. Stellen Sie sich Ihrem Kind gegenüber und lassen Sie es die Übung spiegelverkehrt mitmachen.

Augen-Acht für Kinder

Bei dieser Übung werden die Augenmuskeln aktiviert, Streßblockaden abgebaut, der Gleichgewichtssinn gefördert, das visuelle Auffassungsvermögen gestärkt und die Lernfähigkeit verbessert.

Als Augen-Acht, die Sie mit Ihrem Kind machen können, eignet sich folgende Übung:

Setzen Sie sich Ihrem Kind gegenüber. Nehmen Sie einen kleinen, runden Gegenstand in die Hand und bitten Sie Ihr Kind, darauf zu blicken, ohne den Kopf zu bewegen.

Zeichnen Sie nun liegende Achten in die Luft und achten Sie darauf, daß Ihr Kind der Bewegung mit den Augen folgen kann.

Machen Sie eine kurze Pause, wenn sich Ihr Kind nicht mehr darauf konzentrieren kann, dann beginnen Sie erneut oder wiederholen Sie die Übung am nächsten Tag. Überfordern Sie Ihr Kind nicht gleich am Anfang.

Grundsätzlich können Sie alle Übungen, die in diesem Buch beschrieben sind, auch mit Ihrem Kind durchführen. Wichtig ist, daß Sie beide Spaß daran haben und daß Sie sich und Ihr Kind dabei nicht überfordern.

Einschlafübung

Diese Übung nach Dr. Grüber eignet sich besonders vor dem Einschlafen Ihres Kindes, weil sie beruhigend wirkt.

Ihr Kind liegt bequem im Bett und soll eine Hand auf seinen Hinterkopf legen.

Legen Sie ihm eine Hand auf die Stirn.

Konzentrieren Sie sich liebevoll auf Ihr Kind, atmen Sie tief durch und nach kurzer Zeit wird sich Ihr Kind beruhigen, entspannen und einschlafen.

Überkreuzübung
(siehe Seite 36)

Machen Sie diese Übung mit Ihrem Kind erst dann, wenn es alle anderen Überkreuzübungen beherrscht.

Bei dieser Übung werden verschiedene Gehirnzentren aktiviert sowie Leistungsfähigkeit und Konzentration gefördert.

Bitten Sie Ihr Kind, die Überkreuzbewegung – linker Ellbogen zum rechten Knie und rechter Ellbogen zum linken Knie – zu machen.

Erklären Sie Ihrem Kind die Übung und deren Zweck.

Halten Sie jetzt, während Ihr Kind die Überkreuzbewegungen durchführt, einen Gegenstand vor die Augen und lassen Sie diesen im Uhrzeigersinn kreisen, wechseln Sie nach einiger Zeit die Richtung. Ihr Kind soll mit den Augen folgen.

Wenn Ihr Kind durcheinanderkommt, machen Sie eine kurze Pause und beginnen dann erneut. Überfordern Sie Ihr Kind nicht, denn Lernen und Üben soll Spaß machen!

Dieses Buch hat Ihnen einen Einblick in die Kinesiologie und ihre verschiedenen Methodenzweige gegeben und einige der Anwendungsformen und erste Übungen vorgestellt. Alle beschriebenen Übungen können Sie zu Hause durchführen, um sich selbst etwas Gutes zu tun, Ihre Energien zu stärken und sich wohler, freier und glücklicher zu fühlen. Wichtig ist, daß Sie nach den Übungen immer wieder innehalten und sich fragen, was sich an Ihnen und Ihrer Wahrnehmung verändert hat.
Ich wünsche Ihnen viel Spaß und Erfolg bei den kinesiologischen Übungen.

Betrachten Sie zum Schluß die folgende Abbildung, die noch einmal die beiden Gehirnhälften integriert und harmonisierend ist. Lassen Sie das Bild auf sich wirken, während Sie dabei tief atmen.

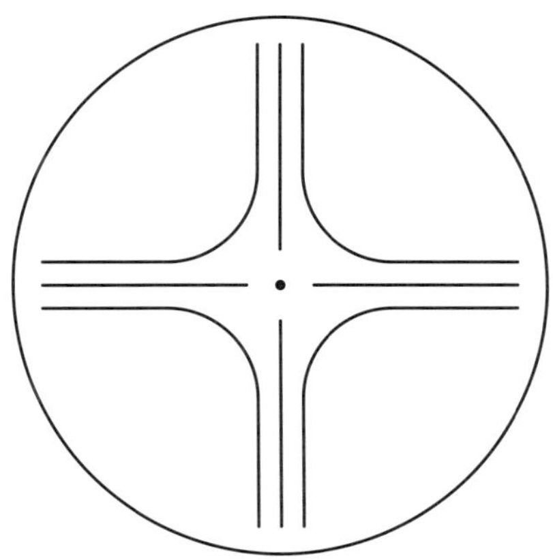

Anhang

Literatur

Klinghardt, Dr. med. Dietrich:
Lehrbuch der Psycho-Kinesiologie
Bauer-Verlag, Freiburg 1996

Diamond, John:
Der Körper lügt nicht
VAK Verlag für Angewandte Kinesiologie
Freiburg 1995

Ertl, Antje:
Kinesiologie. Gesund durch Berühren
Südwest Verlag, München 1997

Dennison, Paul E. u. Gail:
Brain Gym
VAK Verlag für Angewandte Kinesiologie
Freiburg 1990

Grüber, Dr. Isa:
Praxisbuch Kinesiologie
Südwest Verlag, München 1998

Dr. John Diamond
Die heilende Kraft der Emotionen
VAK Verlag für Angewandte Kinesiologie
Freiburg 1995

Bezugsquellen / Adressen

Seminare:
Institut für angewandte Kinesiologie
Zasiusstraße 67
79102 Freiburg im Breisgau
Tel.: 0761/73308

Seminare und Behandlerlisten:
American Academy of Neural Therapy
c/o Monika Hanelt
Hinterm Rathaus 8
45239 Essen
Tel.: 0201/401205

Farbbrillen:
Verlag Hermann Bauer
Kronenstraße 2
79100 Freiburg im Breisgau
Tel.: 0761/7082-0

Register

In der Reihe »Sanft heilen mit Natur-Therapien« sind im Urania Verlag erschienen:
Kraft und Vitalität durch Wasser (Nr. 675-4)
Ruhe und Ausgeglichenheit mit Qi Gong (Nr. 676-2)
Spannkraft und Lebensfreude durch Fußreflexzonenmassage (Nr. 680-0)
Entspannung und Gelassenheit mit T'ai Chi Chuan (Nr. 678-9)
Weniger Streß und Leistungsdruck durch Autogenes Training (Nr. 679-7)
Harmonisch ausgeglichen durch Ayurveda (Nr. 702-5)
Glücklich und vital durch Selbstmassage und Massage (Nr. 703-3)
Energiegeladen durch Hypnose und Selbsthypnose (Nr. 704-1)

Die Deutsche Bibliothek – CIP-Einheitsaufnahme

Brigitte Tiesel:
Energie und Schwung durch Kinesiologie : mit dem bewährten Übungsprogramm Ängste und Blockaden beseitigen / Brigitte Tiesel. – Orig.-Ausg. – Berlin : Urania, 1998
(Sanft heilen mit Natur-Therapien)
ISBN 3-332-00677-0

Umschlaggestaltung:
Behrend & Buchholz, Hamburg
Titelbild: Premium Stock Photography
Illustrationen: **Andreas Rimmelspacher, Seehausen**
Lektorat: **Dr. Reitter & Partner Verlag GmbH, 85591 Vaterstetten**
Satz: **Dr. Reitter & Partner Verlag GmbH, 85591 Vaterstetten**
Druck: **Westermann Druck, Zwickau**
Printed in Germany

Gedruckt auf alterungsbeständigem Papier mit chlorfrei gebleichtem Zellstoff

Originalausgabe
ISBN 3-332-00677-0